De face et de billet

Une chronique d'humeur franco-ontarienne

Tous les billets reproduits dans cet ouvrage ont été diffusés sur les ondes de CBON, la Première Chaîne de Radio-Canada dans le Nord de l'Ontario. Ils ont été présentés dans le cadre de l'émission du matin *CBON Bonjour* (animée par Denis St-Jules et réalisée par Martin Girard) entre le 30 août 1995 et le 27 mars 2000. Un texte a été diffusé le 28 avril 2001, à l'émission *Le train du matin* (animée par Denis St-Jules et réalisée par Mireille Groleau). Le texte publié en postface a été présenté à deux reprises la semaine avant Noël en 2001, à l'émission *Au nord des sentiers battus* (animée par Normand Renaud et réalisée par Marie-Noël Shank).

Nous désirons remercier les personnes et les organismes suivants pour l'utilisation des photos reproduites en page de couverture: le Bureau du premier ministre du Canada (Jean Chrétien); le Bureau du Bloc Québécois (Gilles Duceppe); le chef de l'Opposition officielle du Québec (Jean Charest); la Fondation SOS Montfort (Gisèle Lalonde); l'hebdomadaire *Le Voyageur* (Mike Harris et le drapeau franco-ontarien); CBON, la Première Chaîne de Radio-Canada dans le Nord de l'Ontario (Normand Renaud) et Normand Renaud (l'orignal et le réfrigérateur).

Cinquante-deux exemplaires de cet ouvrage
ont été numérotés et signés par l'auteur.

Normand Renaud

De face et de billet

Une chronique d'humeur franco-ontarienne

Billets

Prise de parole
Sudbury
2002

Données de catalogage avant publication (Canada)

Renaud, Normand, 1956-
De face et de billet. Une chronique d'humeur franco-ontarienne.

ISBN 2-89423-136-9
1. Ontario – Politique et gouvernement – 1995- 2. Ontario – Conditions sociales – 1991- 3. Canadiens français – Ontario. 4. Sudbury, Région de (Ont.)
I. Titre.

FC3077.R46 2002 971.3'04 C2002-900869-7
F1058.R46 2002

En distribution au Québec : Diffusion Prologue
1650, boul. Lionel-Bertrand
Boisbriand (Qc) J7H 1N7
(450) 434-0306

PRISE DE PAROLE

Prise de parole se veut animatrice des arts littéraires en Ontario français; elle se met donc au service des créatrices et créateurs littéraires franco-ontariens.

La maison d'édition bénéficie de l'appui du Conseil des Arts de l'Ontario, du Conseil des Arts du Canada, de Patrimoine Canada (Programme d'appui aux langues officielles et Programme d'aide au développement de l'industrie de l'édition), du Partenariat interministériel avec les communautés de langue officielle et de la Ville du Grand Sudbury.

Photographie de l'auteur: Rachelle Bergeron
Conception de la couverture: olivier lasser

ISBN 2-89423-136-9

PRÉFACE

C'est avec plaisir que je vous convie à lire ces billets de mon collègue Normand Renaud. Je connais Normand depuis bien avant son arrivée à CBON comme commentateur/interviewer: dès les premiers contacts, j'ai été frappé par son intelligence, sa passion et bien sûr, sa grande verve (ah, j'oubliais son sens de l'humour un peu tordu). Plus tard, j'ai pu constater et apprécier ses qualités d'interviewer: sa grande capacité d'écoute, sa sensibilité et l'intérêt sincère qu'il démontre pour chaque personne qu'il croise. Devrais-je ici évoquer en plus ses talents de musicien, de chanteur et de parolier: les Coxinelles[1] lui doivent une fière chandelle.

Normand a présenté la plupart des billets que vous lirez ici dans une période de profondes transformations en Ontario, suivant l'arrivée au pouvoir des conservateurs de Mike Harris. Les compressions sans précédent, les réductions d'impôt, la réforme de l'éducation, la restructuration des services de santé et les fusions municipales ont été autant de prétextes à des commentaires dénonçant les visées néoconservatrices du premier ministre ontarien et de ses disciples. Normand ne s'en est pas pris, toutefois,

---

[1] Si vous ne connaissez pas les Coxinelles, allez les entendre sur Internet: radio-canada.ca/cbon. Dans la section radio, cherchez la rubrique Le palmarès des Coxinelles.

seulement à ceux qui nous gouvernent; il n'a pas hésité à souligner notre complaisance devant les grandes questions de l'heure, notre indifférence devant notre propre survie linguistique. Les commentaires matinaux de Normand ont aussi servi à rappeler à l'ordre ceux et celles qui, pourtant bien intentionnés, manquaient de la sensibilité, du tact, de l'ouverture d'esprit, voire de la compétence que leur action exigeait.

Ce livre nous présente donc toute une tranche, ou serait-ce plutôt plusieurs petites tranches de la vie de la fin du millénaire. Un regard pénétrant sur le Nord, la province, le pays tout entier et sur nos propres petits travers, toujours de la perspective d'une personne qui a à cœur son coin de pays et, surtout, les gens qui l'habitent.

Fait à noter: Normand est profondément attaché à la parole écrite. Ce qui n'est pas étonnant compte tenu de ses antécédents: maîtrise en littérature, participation au journal des étudiants de l'université Laurentienne L'Orignal déchaîné *où il a pu pratiquer l'art de la critique sociale et politique, et travail dans le monde de l'éducation et de l'édition.*

Depuis qu'il travaille à la radio, il a souvent exprimé la frustration de voir ses paroles s'envoler sur les ondes sans qu'il en reste des preuves de leur impact sur son public. C'est avec beaucoup de satisfaction, on le devine, que Normand voit ses billets reproduits dans ce livre. Imaginez alors le plaisir qu'il éprouvera à vous savoir parmi ses lecteurs.

Nous, l'équipe de CBON, Radio-Canada, taquinons souvent Normand en lui collant le qualificatif de «bougonneux» à cause de ses nombreuses mais éloquentes envolées contre ceci et cela, contre tout et rien, sourire en coin. Nous sommes donc très con-

tents de voir ce livre, contents pour Normand, bien sûr, mais surtout de savoir que nous ne serons plus les seuls à subir ses humeurs.

DENIS ST-JULES
Animateur, CBON, Première Chaîne
de Radio-Canada dans le Nord de l'Ontario
le 18 mars 2002

Présentation

Si vous n'aimez pas beaucoup la politique, peut-être aimerez-vous un peu ce livre. Si vous aimez la politique, peut-être aimerez-vous déplorer ce livre. Car la manière du commentaire y est douce-amère: une part d'espoir insensé de voir changer le monde pour le mieux, une part de certitude absolue que ce n'est pas par la politique pratiquée de nos jours que ça arrivera. Si vous vous reconnaissez en cela, lisez-moi. Nous aurons sympathisé à distance.

Sachez cependant que vous tenez un ouvrage qui n'aurait jamais dû exister. Il y a au moins deux raisons pour ça. La première, philosophique, c'est qu'il aurait mieux valu que tout ce que j'y commente ne soit pas arrivé. Là-dessus, je ne m'étendrai pas ici; vous aurez toutes les pages qui suivent pour en juger. La deuxième, pratique, a à voir avec les circonstances où j'ai écrit ces textes. Au départ, rien ne les destinait à être publiés sous forme de livre.

Les billets réunis ici ne sont pas des propos longuement mûris au style soigneusement ciselé. Au contraire, ils ont été écrits à la hâte avant l'échéance du lendemain matin. Ils visaient un public à l'attention distraite par la vie quotidienne qui se remettait en branle. Il s'agit en fait de billets radiophoniques diffusés entre août 1995 et mai 2000 à l'émission du matin de CBON, la Première Chaîne de Radio-Canada dans le Nord de l'Ontario. L'émission s'appelait d'abord *CBON Bonjour*, ensuite *le Train du matin*. Mes billets s'y entendaient toujours à 8 h 20.

Ma fonction principale à l'émission était celle du chroniqueur communautaire. Grâce à elle, en sept ans, j'ai eu le privilège de parcourir à peu près toutes les très longues routes du Nord ontarien, de Mattawa à Nakina et de la rivière des Français à la baie du Tonnerre. J'ai pu visiter une cinquantaine de villes et villages où habitent des communautés plus ou moins nombreuses de Franco-Ontariens. Surtout, j'ai pu rencontrer des centaines de personnes sympathiques qui m'ont raconté ce qu'elles faisaient de leurs journées, pour le bien de leur coin du monde ou leur simple joie de vivre. Alors que les bulletins de nouvelles devaient faire écho à la grande actualité, je pouvais faire écho à ce qui se passait loin des caméras et des micros. Mes auditeurs ont pu imaginer qu'ils visitaient avec moi des mines et des forêts, des centres communautaires et des sous-sols d'église, des corridors d'école et des sentiers de motoneige. Ma chronique était, dans mon esprit au moins, un hommage au courage et à la vitalité d'un petit monde que les grands de ce monde laissent pour compte. J'en tire une grande fierté.

Or, à ma deuxième année à ce poste, le directeur de la station, Alain Dorion, et le réalisateur d'alors, Martin Girard, ont jugé que l'émission du matin gagnerait à se donner une composante axée sur le commentaire de l'actualité. C'est ainsi qu'on m'a proposé de faire des interventions pour lesquelles il n'y avait pas vraiment de tradition. Le commentaire et le billet sont pratiqués ici et là à Radio-Canada, mais le commentaire idéologique sur l'actualité politique ailleurs que dans les propos de commentateurs invités n'y est pas chose courante. Au début, mon équipe a plus d'une fois discuté de la place à tenir, entre les réflexions inoffensives sur l'air du temps et les prises de position des éditorialistes et chroniqueurs de la presse écrite. (Quant au commentaire pratiqué par une certaine radio privée, il vaut mieux ne pas l'évoquer. Ce n'est sûrement pas ce qui ferait croire en la noblesse du genre.)

Je crois avoir imprimé à cette composante de l'émission un ton et une tendance plus engagés qu'on ne s'y attendait. Au début, nous surveillions tous l'expérience pour nous assurer que le moment du commentaire coloré ne déteignait pas, à l'écoute, sur la fonction journalistique assurée ailleurs dans l'émission. Il s'agissait finalement de faire confiance à l'auditeur, bien capable de distinguer les deux genres. Dès le départ, cependant, mes supérieurs m'ont laissé mener mes commentaires à ma manière. Leurs suggestions occasionnelles ont porté sur des formulations et des nuances, rarement sur le propos. Autrement dit, je m'exprimais sans censure. Mes collègues ont mon respect pour ça. Quant au vôtre pour eux, vous en jugerez en lisant ce qu'ils m'ont laissé dire.

Rassemblés, mes billets finissent par composer ce que j'ai appelé «une chronique d'humeur franco-ontarienne». Si ces textes peuvent encore être d'un certain intérêt quelques années après les événements qui les ont inspirés, c'est justement à titre d'évocation d'une période riche et mouvementée de l'histoire récente de l'Ontario français, du Nord de l'Ontario, de l'Ontario tout court, du Canada-Français et du Canada tout court. Cela étant dit, je ne prétends pas avoir retenu tous les événements les plus importants de cette période. C'est que mes fonctions de chroniqueur m'amenaient parfois à prendre la route pour plusieurs jours. C'est aussi que l'intervalle du commentaire dans l'émission n'était pas régulier. Je pouvais parfois écrire deux billets en une semaine et ensuite laisser passer deux semaines sans en faire, mon attention étant retenue par ma chronique communautaire (sans compter un petit jeu-questionnaire dont je m'occupais aussi). C'est ainsi que, par exemple, un dossier comme le méga-dépotoir de Toronto envisagé à la mine Adams de Kirkland Lake, un sujet nord-ontarien d'envergure provinciale, ne figure qu'indirectement dans ce livre. Le hasard a voulu que je n'y aie pas consacré un billet, bien que j'y aie consacré des entrevues.

Si je me suis exprimé avec conviction sur les sujets que j'ai abordés, en revanche, je ne prétends pas m'être exprimé avec autorité. Les contraintes de mon créneau y sont pour quelque chose. Plus d'une fois, j'ai envié les chroniqueurs de la presse écrite qui peuvent élaborer leur pensée en longueur. Les limites d'une intervention radiophonique de quatre minutes m'obligeaient à accoucher de mon propos en six cents mots au maximum. Je ne pouvais donc pas multiplier les faits et étoffer les arguments. Mais je pouvais miser sur le ton. Celui-ci me venait pour beaucoup du fait que mes textes étaient destinés à être écoutés plutôt que lus. En les révisant pour la publication, j'ai atténué certaines tournures de la langue orale et je me suis permis des modifications qui ne dénaturent pas le texte original. Tout ça fait qu'à la lecture, ça donne ce que ça donne. J'aurai au moins assumé mes humeurs.

Les institutions ou les personnages publics que mes billets ont visés n'ont jamais daigné me répondre. En revanche, quelques-uns des billets que vous lirez m'ont valu des réponses d'auditeurs, bien que de nombreux autres aient eu peu ou pas d'écho. Il est toujours temps de changer ça. Si jamais vous vouliez réagir, vous me feriez plaisir. On ne donne jamais assez de coup d'épées dans l'eau de l'indifférence. Voici l'adresse, *normand_renaud@radio-canada.ca*, ou encore, CBON, 15, rue Mackenzie, Sudbury, Ontario, P3C 4Y1.

Pour ce qui est de me voir renouer avec le genre, ce ne sera pas pour bientôt. En septembre 2001, je suis devenu l'animateur de l'émission de l'après-midi à CBON, *Au nord des sentiers battus*, un magazine radiophonique culturel et social dont la formule ne fait pas place à l'actualité politique. J'avoue que je prends un congé bienvenu de la tribune du billettiste radiophonique, en gardant l'espoir d'y revenir renouvelé, dans un avenir où le paysage politique se sera lui aussi renouvelé.

Après tout ça, mes remerciements. Merci à mes collègues, Alain Dorion, Martin Girard, Mireille Groleau, Denis St-Jules, Martin Roy, et les journalistes de la salle des nouvelles de CBON. Il fallait des personnes au jugement sûr pour aborder le commentaire à tendance avouée sans que ça donne lieu à des discussions oiseuses. Merci à Jacques-André Blouin de m'avoir aidé à retrouver les dates de diffusion de certains billets. Ça a l'air de rien mais c'était quelque chose. Merci à l'hebdomadaire *Le Voyageur* de Sudbury d'avoir reproduit dans ses pages pendant deux ans des versions abrégées de mes billets. C'était une marque de reconnaissance que j'ai appréciée. Merci aux éditions Prise de parole d'avoir voulu donner la permanence de l'écrit à des paroles envolées sur les ondes. Merci à mes collèques Robert McMillan et Stéphane Gauthier, et à denise truax du comité d'édition de Prise de parole, pour leurs conseils à la préparation du texte. Merci à Janelle et à Alain qui me côtoient chez moi, où j'ai trop souvent les humeurs que vous lirez.

Et merci à vous de vous intéresser à ces billets. Car ça veut dire que vous vous intéressez au coin du monde qui me tient à cœur, aux Franco-Ontariens de partout en province et du Nord en particulier.

Quinze cents mots que cela! On m'en a rarement permis autant.

NORMAND RENAUD
Sudbury, 31 janvier 2002

Saison 1995-1996

Canada-Français
Amérindiens
Drapeau
Mike Harris
Pouf!
Réfrigérateurendum
Gilles Vigneault
Noël
Écoles
Compressions
Virginie
Tabac
Séparatisme
Communistes
Printemps
Dette nationale
Dépotoir
Taxes
Bon sens
Absurdité
Traduction
Inondation

Le Canada-Français, ça existe

Le 30 août 1995. Une campagne promotionnelle à la télévision nationale visant à sensibiliser les Canadiens à leurs minorités francophones avait soulevé des réactions aux Communes à Ottawa.

Au bulletin de nouvelles d'hier, on parlait de la campagne de publicité télévisée lancée cette semaine par la Fédération des communautés francophones et acadienne du Canada. Je les ai vues, ces fameuses annonces, et je trouve que c'est assez bien fait.

Au moins, c'est assez honnête pour dire que le progrès du français au Canada n'a pas été facile. C'est assez bien fait pour déplaire au Bloc Québécois, qui prétend avoir une politique de soutien aux minorités canadiennes mais qui n'est pas content de les voir à la télévision. C'est assez bien fait pour me consoler un peu de voir le demi-million de dollars qu'on jette par la fenêtre du téléviseur au lieu de le jeter dans les fenêtres des écoles, des arts, des sports, de projets concrets qui en auraient bien besoin. Mais enfin, ça ne fait pas de tort de rappeler aux *Canadians* et aux Québécois que nous existons vraiment, parce qu'ils l'oublient souvent.

Malgré tout, un détail de cette fameuse publicité m'agace beaucoup. Au fond, c'est plus qu'un détail, c'est l'essentiel. C'est une faute qui défait tout ce qu'on essaie de faire. Pour nous nommer là-dedans, on parle des «francophones du Canada». C'est la même chose, d'ailleurs, dans le nom de l'organisme: Fédération des communautés francophones et acadienne du Canada. Remarquez que les Acadiens, eux, ont insisté pour se distinguer des simples francophones. Acadien, c'est un nom qui dit une identité. Ça dit l'appartenance à une communauté qui a bien des choses en commun: un passé, une culture, un projet collectif. C'est un nom qui dit qui on est, qui dit qu'on est quelqu'un.

En comparaison, ça veut dire quoi, être francophone? Ça veut dire qu'on parle français, c'est tout, rien de plus. Il y a des francophones en Angleterre, en Polynésie, au Texas. Francophone, ce n'est pas un mot qui nomme une communauté spécifique avec son passé, sa culture, ses intérêts communs. Être francophone, c'est comme être blond ou bougon ou fumeur: c'est une caractéristique isolée. Ce n'est pas une identité, non plus une appartenance. Le nom qui dirait ça, on le connaît bien pourtant: c'est Canadien-Français. Le problème, c'est que les médias, Radio-Canada en tête, depuis trente ans maintenant, parlent seulement de «Québécois» et de «francophones hors Québec» et jamais de «Canadiens-Français». Ils ne peuvent même pas dire Canada tout court. C'est toujours «Canada-Anglais».

Je comprends que bien des Québécois ne veulent plus croire au Canada-Français, parce que j'ai de la misère à y croire moi-même. Mais je ne comprends pas pourquoi nous y renonçons, nous, parce qu'ils y renoncent, eux. Qu'on le veuille ou non, notre présence en Ontario, au Manitoba et ailleurs va toujours s'expliquer par ce projet historique plus ou moins raté qu'est le Canada-Français. C'est à l'idée du Canada-Français que les curés croyaient en envoyant nos grands-parents coloniser le Nord ontarien et les plaines de l'Ouest. C'est au projet du Canada-Français que les gouvernements de l'Ontario et du Manitoba se plient à contrecœur en finançant des écoles primaires, secondaires, des collèges et un jour, nécessairement, une université vraiment française. Bref, le Canada-Français, ça existe. Les Canadiens-Français, ça existe. L'éventuelle indépendance du Québec ne changerait rien à ça. Pourquoi alors cachons-nous notre identité historique, en cachant son nom partout?

Nous ne sommes pas les «communautés francophones du Canada»; nous sommes des Canadiens-Français qui vivent au Canada-Français. Les gens de la FCFAC, la Fédération des communautés francophones et acadienne du Canada, la «F-c'est-effacé», feraient bien mieux d'arrêter de nous effacer, justement, et de nous appeler par notre nom.

Amérindiens et actes criminels

Le 13 septembre 1995. Des Amérindiens faisaient valoir leurs revendications territoriales au moyen de barrages routiers. Un manifestant autochtone est mort au cours d'une confrontation avec la police ontarienne.

Ces jours-ci, les bulletins de nouvelles débutent par des reportages troublants sur le recours à la violence par certains manifestants amérindiens, au lac Gustafson, en Colombie-Britannique, et au parc Ipperwash, dans le Sud ontarien. Voici maintenant que la vague gagne le Nord de l'Ontario. Une menace à la bombe hier après-midi dans un édifice du gouvernement provincial de Sudbury a été revendiquée par une personne qui se disait amérindienne et qui disait vouloir venger les victimes amérindiennes de ces confrontations. Je n'avais pas prévu cette surprise-là quand je m'étais proposé de commenter ce matin la frustration amérindienne qui a mené aux récents événements.

Cette surprise me fait sentir à quel point mon bref commentaire sera superficiel, en regard de la complexité du problème amérindien. Mais dans tout ce que les politiciens et les forces de l'ordre disent en réaction à cette crise, il y a un propos qui m'apparaît particulièrement ironique. C'est quand les autorités, Mike Harris en tête, affirment qu'il n'est pas question de négocier avec des personnes ou des groupes qui exercent des pressions au moyen d'actes criminels. Ce qu'ils prétendent par là, implicitement, c'est que les Amérindiens pourraient espérer des progrès si seulement ils voulaient emprunter les voies de la négociation et des ententes, en respectant la loi et l'ordre. Je m'imagine comment ce beau principe-là doit résonner comme un mensonge aux oreilles d'Amérindiens tant soit peu conscients de leur histoire.

Personnellement, j'en connais fort peu de leur histoire. Mais je sais au moins ce que j'ai appris cet été en allant voir la pièce *The Manitoulin Incident* présentée par les Amérindiens de la réserve de Wikwemikong, à l'île Manitouline. Cette pièce raconte justement l'histoire d'une entente, d'une négociation entre Amérindiens et Blancs. C'est l'histoire d'un traité signé dans lequel le gouvernement canadien avait promis l'île Manitouline au grand complet à toute la population autochtone. L'île entière devait devenir une réserve indienne.

Mais quand des colons blancs ont enfreint la loi blanche et sont venus s'installer sur ces terres indiennes, le gouvernement ne les a pas traités de criminels. Il ne les a pas punis ni expulsés. Au contraire, le gouvernement a prétexté que parce qu'il restait des Amérindiens sur la terre ferme dans les environs, parce qu'ils n'étaient pas venus tous jusqu'au dernier habiter l'île, alors les Blancs n'étaient plus tenus de respecter leur partie de l'entente. Donc ils ont rouvert l'entente et demandé aux Amérindiens de remettre aux Blancs les terres que les Blancs leurs avaient données. En anglais, il existe une expression pour nommer celui qui donne et qui veut reprendre ensuite. On dit *Indian giver* et on trouve cette expression très raciste. Et pourtant, elle décrit bien ce que je viens de raconter… le comportement des Blancs. En tout cas, un groupe d'Indiens de l'île a refusé de rouvrir l'entente initiale. Leur partie de l'île s'appelle encore aujourd'hui «la réserve non concédée de Wikwemikong».

Juste au nord de l'île Manitouline, il y a la réserve des Mississaugas près de Blind River. À l'époque, elle était beaucoup plus grande qu'elle ne l'est aujourd'hui. Mais elle a rapetissé, et rapetissé encore, parce que les colons blancs profitaient de l'absence des Amérindiens partis à la chasse (activité elle aussi protégée par des traités) pour s'installer sur les terres de la réserve.

Voilà donc deux petits exemples parmi bien d'autres que les Blancs ont donnés aux Amérindiens sur l'art de respecter la loi et les ententes négociées. On ne parle même pas ici de toutes les réclamations territoriales autrement vastes et importantes que les Amérindiens font en s'appuyant sur des principes de droit parfaitement légaux eux aussi: la loi des Blancs toujours. Pourtant, rien n'avance depuis des décennies dans ces négociations. L'illégalité et l'injustice flagrante sont à la base des rapports entre Blancs et Amérindiens depuis toujours. Les intérêts de la civilisation blanche triomphent par la force des armes, ainsi que par l'usure, le découragement et la démoralisation des Amérindiens.

Et maintenant, on pousse l'ironie jusqu'à traiter les extrémistes de criminels avec lesquels il serait indigne de négocier. Eh bien, quand Harris refuse de dialoguer avec les gens qu'il qualifie de criminels, il devrait savoir que de l'autre côté des barricades, il y a des gens qui le voient lui aussi comme un criminel. La différence, c'est que malgré tout ce que l'histoire leur a appris sur la valeur de la parole des Blancs, ils auraient quand même préféré une négociation honnête à une confrontation sans espoir. Même avec des hommes de son espèce.

Le drapeau franco-ontarien a vingt ans

Le 25 septembre 1995. Dans la matinée, une cérémonie à l'université de Sudbury allait souligner l'anniversaire du dévoilement du drapeau franco-ontarien. Des centaines d'élèves du secondaire y seraient présents.

C'est par une journée nuageuse, sous une pluie légère, un 25 septembre en 1975, qu'on a hissé pour la première fois dans le ciel ontarien un étendard vert comme l'été et blanc comme l'hiver, orné d'une fleur française et d'une fleur ontarienne. On espérait en faire un symbole de ralliement, d'appartenance et peut-être même de fierté pour les Franco-Ontariens. Ce drapeau-là, le drapeau franco-ontarien, a vingt ans aujourd'hui.

Il est né, notre drapeau, à l'époque où c'était plutôt le drapeau québécois qu'on s'étonnait de voir si souvent à la télévision, arboré avec engouement par une jeunesse soixante-dixarde qui le portait fièrement dans les défilés, sur les t-shirts et les jeans. En balançant si fièrement leurs drapeaux bleus et blancs à bout de bras, c'était comme s'ils nous faisaient *bye-bye* à nous, les francophones perdus et sans espoir, parce que hors Québec, point de salut.

La première fois que je l'ai vue, notre réplique battante, ce drapeau créé par un enseignant et des étudiants de l'université Laurentienne où j'étais à l'époque, eh bien, j'avoue que je ne l'ai pas trouvé particulièrement beau ni inspirant. Je n'aimais pas le partage en deux moitiés à la verticale qui faisait justement trop divisé, trop carré, trop bilingue, trop schizophrène. Je trouvais que ça ne ressemblait pas à un vrai drapeau. Je trouvais que c'était un fanion bien modeste pour une communauté elle aussi bien modeste, qui ne devrait peut-être pas avoir la prétention de passer pour un peuple. En somme, ce jeune drapeau franco-ontarien me gênait un peu, parce que le jeune exigeant que j'étais trouvait qu'il flottait sur pas grand-chose. C'était il y a vingt ans. J'étais jeune et surtout mal informé de l'histoire, des luttes, des réalités actuelles et de l'étendue de la présence des Franco-Ontariens.

Avec le temps, mon regard sur ce drapeau s'est adouci. Le jeune que j'étais trouvait l'Ontario français timide, absent, peureux. L'homme d'âge mûr que je suis devenu a eu le temps de mesurer ce que chaque pauvre petit progrès nous coûte en efforts, en patience, en persévérance, tant la majorité, les structures, le pouvoir, nos cousins français du Québec et nous-mêmes, Franco-Ontariens, ont tous intérêt à ignorer notre présence et nos besoins. Et au fil des années, j'ai eu le temps d'apercevoir le drapeau vert et blanc de l'Ontario français dans des décors qui, disons, le mettaient en valeur.

Je l'ai vu flotter dans le ciel de la petite ville de Mattawa, dans un beau parc sur la rivière des Outaouais, cette route des voyageurs et des draveurs qui a conduit plus tard les premiers des nôtres dans le Nouvel-Ontario. Je l'ai vu se balancer devant la scène pleine de lumière de la Nuit sur l'étang à Sudbury, dans une atmosphère pleine de rythme et de musique, porté à bout de bras par des jeunes qui étaient heureux d'être là, sans l'ombre d'un doute.

Je l'ai vu, bien sûr, dans les manifestations qu'on a faites pour convaincre le gouvernement (toujours lui) de nous donner ce qui nous revient de droit: un collège de langue française et un jour, une université de langue française. Une fois, je l'ai même vu, ce drapeau, cousu au sac à dos d'un jeune aux cheveux longs d'un bord et courts de l'autre qui prenait la route pour dieu sait où, parce qu'il ne le savait pas lui-même. Ça arrive, très rarement, mais ça arrive, qu'au hasard de la route on voie flotter un drapeau franco-ontarien quelque part où l'on ne s'y attendait pas et qu'on se dise: *Tiens, y'a des Francos par icitte*.

Nous, Franco-Ontariens, nous n'aurons jamais de parti franco-ontarien comme d'autres ont eu leur Parti québécois ou acadien. Ce n'est pas dans notre nature, pas plus que ce n'est dans le domaine du possible. C'est toujours un peu gênant, quand ce n'est pas carrément dangereux, de trop se faire voir et entendre en français en Ontario et d'afficher notre drapeau. Et pourtant, on l'affiche parfois, discrètement, modestement. Parfois il a même l'air d'être à sa place.

Il a vingt ans cette année, notre drapeau. On aurait pu organiser toute une campagne, le reproduire en des milliers d'exemplaires, le distribuer partout, encourager les gens à le hisser, comme les Acadiens l'ont fait formidablement l'an dernier, plus de deux cents ans après leur grand dérangement. Eh bien, non. Chez nous les choses ne se passent pas comme ça. Il est encore jeune, notre drapeau, comme le Nouvel-Ontario même. La fierté affichée au haut d'un poteau, ce n'est pas notre genre, ce n'est pas de notre âge. Pas encore. Notre drapeau a juste vingt ans. Ça viendra, avec le temps.

Les sources troubles de la puissance de Mike Harris

Le 29 septembre 1995. Le Parti progressiste-conservateur ontarien, Mike Harris en tête, avait été élu en juin 1995 après une campagne que résumait le slogan «la révolution du bon sens». Il promettait notamment de réduire les impôts, de redéfinir les normes de l'éducation, de réduire le nombre de bénéficiaires d'aide sociale et de fonctionnaires et d'éliminer le déficit annuel. Tout ça se résumait en de profondes compressions budgétaires. Cette semaine, après le congé d'été, le premier ministre Harris convoquait le parlement ontarien.

La rentrée parlementaire ontarienne nous a apporté des images télévisées choquantes, rarement vues en Ontario. On a vu des milliers de manifestants furieux aux portes de Queen's Park, en particulier deux femmes blessées, leur sang coulant sur leur front. Je savais que l'égalité des femmes faisait du progrès en Ontario, mais je ne pensais pas que ça voulait dire qu'elles avaient le droit d'être battues par la police elles aussi, comme des hommes. Voilà donc l'image remarquable qui m'inspire ce matin la prédiction suivante: le gouvernement de Mike Harris va connaître un grand succès. Je prédis même qu'on va le réélire. Je fonde ma prédiction sur deux principes psychologiques élémentaires qui ont fait leurs preuves au fil des siècles.

Premier principe: la psychologie du fascisme. La nature humaine est ainsi faite qu'il y a, à l'intérieur de nous, une partie qui veut s'incliner, se prosterner, se coucher devant des manifestations de pouvoir. Les primitifs adorent les volcans. Les pauvres s'effacent pour ne pas gêner les riches. Les torturés finissent par croire leurs bourreaux et souhaiter leur supplice. Le peuple laisse faire ses dictateurs.

Dans tous ces cas-là, vous me direz, on n'a pas le choix. C'est la loi du plus fort et c'est vrai qu'il faut alors se plier ou crever. Mais ce n'est pas vrai qu'il faut croire dans le fond de son cœur que le plus fort a raison. Et pourtant, telle est la nature humaine. Une bonne partie de la population croira que les riches et les forts ont raison tout simplement parce qu'ils sont riches et forts. Mike Harris joue les durs avec tant de dureté et avec si peu de compassion qu'il va sûrement en profiter.

Deuxième principe psychologique qui joue en faveur de Harris: le sentiment de culpabilité, qui est au cœur de la nature humaine. Celui-là est tellement fort qu'on a fondé sur lui des religions qui ont traversé des millénaires.

Tout homme, toute femme porte en son for intérieur l'envie de faire le bien, et plus encore, de corriger tous les problèmes du monde. Pensez aux adolescents, à vous-même dans votre jeunesse. Nous avons tous rêvé de changer la planète et de rendre tout le monde heureux. Le problème, c'est que personne au monde n'est assez puissant pour ça. Même que chacun a finalement bien peu de moyens pour éliminer la souffrance et la misère dans son petit entourage et sa famille, laissez faire la planète. Alors là, la nature humaine nous joue encore une fois un tour, quand elle transforme ce sentiment d'impuissance en sentiment de culpabilité. Dans le secret de nos cœurs, nous nous disons: Je n'ai pas pu empêcher le mal, je l'ai laissé arriver, donc j'en suis responsable. Tout ça est ma faute. Je suis coupable. Le monde est mauvais à cause de moi.

Or, la grande faute politique, le gros mal des gouvernements ces jours-ci, c'est le déficit. Ça fait peur aux grands investisseurs qui craignent que nous ne puissions pas continuer éternellement de leur payer des intérêts de trente cents sur chaque dollar de nos taxes. (De ça, ils ont bien raison d'avoir peur!) Au fil des ans, nous n'avons pas pu empêcher le gouvernement de complexifier sa bureaucratie, ses formulaires de demande, ses études, ses experts-conseils, toute sa grosse machine bureaucratique qui se nourrit elle-même pour commencer et les citoyens ensuite et qui exige des études à la chaîne et de coûteuses consultations à n'en plus finir avant de pouvoir lever le moindre petit doigt. Maintenant, le gouvernement est en dette, je n'ai pas été capable de l'empêcher, je suis coupable, je dois payer. Alors, allez, prenez-le mon emploi, coupez-la mon aide sociale, enlevez-moi des services sur lesquels j'ai appris à compter. La dette publique, c'est arrivé par ma faute, par ma faute, par ma très grande faute.

Il y avait toutefois trois mille manifestants devant les portes de Queen's Park hier qui n'ont pas eu la cervelle pourrie par le vent corrompu du discours conservateur qui balaye l'Amérique du Nord depuis quinze ans. Ils ont manifesté, crié, saigné. Ils sont en bonne santé mentale ceux-là. La majorité silencieuse, celle qui a voté conservateur, celle qui tombe sous le charme du pouvoir qui paraît plus fort quand il est plus injuste, celle qui confond son impuissance avec sa responsabilité, eh bien, elle n'a pas saigné, ni crié, ni frappé de policiers hier. Ces gens-là ont été tranquillement confirmés dans leur sentiment d'impuissance et de culpabilité. Ils ont été confortés dans leur misère morale. Ils seront prêts à voir encore plus de grabuge aux portes de Queen's Park, juste pour en voir d'autres expier la faute qu'ils ont dans l'âme.

Mike Harris a la nature humaine de son bord. La psychologie du fascisme et le réflexe de culpabilité en nous tous joueront en sa faveur. Son règne est arrivé. Sa volonté sera faite. Ses disciples sont bien nombreux et bien humains.

POUF! LES FRANCOPHONES ET AUTRES PENSÉES MAGIQUES

Le 24 octobre 1995. À une semaine du référendum sur la souveraineté du Québec, la députée du Bloc Québécois Suzanne Tremblay a dénoncé aux Communes à Ottawa l'assimilation des francophones hors Québec. En décrivant certaines manipulations des données de recensement qui les font disparaître puis réapparaître, elle a eu ce mot: «Pouf! les francophones».

Prenez dix francophones en Ontario et marquez-les d'un X pour les reconnaître. Laissez-les faire, revenez dans vingt ans et vous verrez, seulement six d'entre eux parleront encore français. Ça, mesdames et messieurs, ça s'appelle l'assimilation. C'est ce qui t'est arrivé quand tes enfants ne te comprennent plus quand tu leur parles français. C'est le cas de 38% des Franco-Ontariens dans leur ensemble ou de 28% si vous regardez juste le Nord-Est ontarien. C'est une réalité confirmée par chaque nouveau recensement. Personne ne peut contredire ça, surtout pas l'Association canadienne-française de l'Ontario qui l'a écrit à la page 9 de sa publication *Les Réalités franco-ontariennes*. Et pourtant…

Quand la députée du Bloc Québécois Suzanne Tremblay a rappelé aux Communes des données sur l'assimilation, ponctuées de son fameux «pouf les francophones», les réactions en Ontario français ont été vives et immédiates. À la radio, le président de l'ACFO, André Lalonde, a dénoncé la députée bloquiste qui, selon lui — je cite — «prétend que nous sommes en train de disparaître, alors que ce n'est pas le cas». Le président sortant de l'Association des francophones du Nord-Ouest de l'Ontario, Henri Roque, a affirmé, lui, que la députée du Bloc connaît très mal la réalité franco-ontarienne pour dire des choses pareilles.

Alors, en réplique à la députée séparatiste, ni l'un ni l'autre n'auront trouvé mieux que de pieux mensonges. Pour défendre le fédéralisme et empêcher que les Franco-Ontariens servent de preuve que celui-ci ne sauvegarde pas le français au Canada, ils ont tout simplement attaqué la preuve fournie à grands coups de pensée magique. L'assimilation n'existe pas. Le fédéralisme est sans reproche. Au Canada, tout va très bien, madame la marquise. Pourtant, tout le monde le sait, Suzanne Tremblay a dit vrai.

Avant elle, c'est le cinéaste Pierre Falardeau, père spirituel d'Elvis Gratton, qui a eu l'idée de faire peur aux Québécois qui voudraient voter non en comparant le Québec de demain... au Sudbury d'aujourd'hui. Quelqu'un l'a finalement contée, celle-là, au maire de Sudbury, Jim Gordon. Sa réplique a fait la une du *Sudbury Star* de samedi et a paru dans des journaux du Québec. Il se dit fier, Monsieur le maire Gordon, de la communauté franco-ontarienne à Sudbury. Sa municipalité est même officiellement bilingue, souligne-t-il. Oui, en effet, le communiqué à ce sujet que CBON a reçu de Jim Gordon était rédigé en français. C'était le premier communiqué en français, de mémoire récente en tout cas, qui nous est parvenu de notre municipalité bilingue.

Le *Sudbury Star* a rapporté aussi la réaction de Manon St-Denis, directrice du Carrefour francophone, le centre culturel de Sudbury, qui a dit, (je traduis de l'anglais): «Insinuer que les francophones de Sudbury sont privés de quoi que ce soit, c'est de la pure folie. Nous avons absolument tout en tant que francophones.» Pourtant, tout le monde sait qu'à Sudbury, avec ses 40% de francophones, on ne parle pas français dans les salles d'urgence à moins d'attendre encore plus longtemps que les autres. On trouve difficilement dans les magasins des livres et des jeux en français pour nos enfants. On ne les inscrit pas dans des programmes sportifs français qui n'existent pas. Les plus méchantes langues diraient même qu'on n'a pas de centre culturel digne de ce nom.

Pour faire la réplique aux séparatistes, n'avons-nous vraiment rien de mieux que des faussetés? Nos porte-parole subventionnés ont-ils si peur de mordre la main qui les nourrit qu'ils n'admettront jamais que le fédéralisme actuel ait la moindre lacune? Je comprends bien qu'on n'aime pas voir notre situation en Ontario français apporter de l'eau au moulin séparatiste et qu'on trouve tendancieuse l'interprétation que le Bloc en fait. Il fallait y répondre, en effet. On aurait pu répondre que notre situation serait pire encore sans le fédéralisme et sans le Québec dans le Canada. On aurait pu répondre que notre survie, aux francophones hors Québec, devrait compter pour quelque chose auprès de nationalistes qui veulent «défendre le français en terre d'Amérique». On aurait pu répondre que même souverain, le Québec devrait soutenir les minorités canadiennes-françaises qu'il a semées un peu partout au lieu de s'en moquer. On aurait pu répondre que les Québécois ne sont pas les seuls frustrés du fédéralisme et qu'ils feraient plus de progrès en faisant alliance avec les autres Canadiens qui souhaitent des changements au lieu de faire cavalier seul. Nos porte-parole auraient pu répondre par toutes sortes d'arguments intelligents. Mais ils ont préféré se conter des histoires. Si nous n'avons que des mensonges pour nous défendre, eh bien, je crains que l'adversaire ait raison.

Il y aurait tellement de bonnes répliques à faire à Suzanne Tremblay du Bloc Québécois. J'espère que nous allons enfin en entendre quelques-unes cette semaine, d'ici lundi, jour fatidique du référendum sur l'indépendance du Québec. Sans quoi les Québécois qui entendraient tout ça pourront bien penser que hors Québec, on ne perd pas seulement son français, on perd aussi son jugement.

Le Réfrigérateurendum

Le 1er novembre 1995. Le référendum sur la souveraineté du Québec a eu lieu le 30 octobre. Le résultat estomaquant — différence de seulement un pour cent entre le oui et le non — était surabondamment commenté. J'ai fait de mon mieux pour me retenir d'y ajouter mon grain de sel. Un effet sonore de bruit de réfrigérateur était en bruit de fond.

Gens du Nord ontarien, vous m'avez souvent invité bien gentiment, moi et mon micro, dans vos cuisines. Ce matin, laissez-moi vous offrir la même hospitalité en vous invitant dans la mienne. Bienvenue chez moi. Tirez-vous une chaise. Mais j'avoue que je suis un peu gêné, parce que ce matin, je n'ai aucune idée de ce dont je pourrais bien vous parler. Vous me dites: «Normand, ne va quand même pas nous parler du référendum sur la souveraineté du Québec encore une sainte fois. On en a bien assez entendu parler hier. Change-nous les idées ce matin. Parle-nous d'autre chose.» D'autre chose, je veux bien, mais de quoi? Rien ne se passe ici dans ma cuisine. C'est le calme complet, sauf... le ronron du réfrigérateur. C'est ça que vous entendez, là, dans le fond de l'oreille. Eh bien, si on ne doit par parler réf... érendum, parlons réf... rigérateur.

Ah! Mon beau réfrigérateur neuf, écologique, économique, qui consomme moins d'énergie. Grâce à quoi? Grâce à son tout petit moteur, qui doit marcher tout le temps et à ses deux ventilateurs qui doivent tourner tout le temps, juste pour faire ce que les beaux gros moteurs des frigos d'autrefois faisaient en silence. Mais mon frigo est sans doute écologiquement et politiquement correct. La preuve, c'est qu'on n'entend que lui dans la cuisine.

Le réf... rigérateur. Quand ça démarre, cette chose-là, dans une pièce tranquille, ça bourdonne, ça vrombit, ça gronde et ensuite, ça fait du bruit, si bien qu'à la fin on ne peut plus l'ignorer. On ne s'entend plus penser. Et quand, pour un rare moment, il te fiche la paix, tu sais quand même qu'il va bientôt repartir de plus belle. Quand? Bientôt. Si tu veux manger frais, tu dois endurer ça chez toi.

Le réf... rigérateur. Quelle source d'incertitude et de questionnement dans nos foyers! Quand on ferme la porte, est-ce que la lumière à l'intérieur s'éteint? Quand on y remet la boîte de lait qui n'a plus que deux gouttes au fond, est-ce qu'on a pensé au prochain qui va venir s'en verser? Quand on range le beurre d'arachides là-dedans, même si ce n'est pas nécessaire pour le conserver, est-ce qu'on le fait par pure bêtise, pour le rendre dur et difficile à étendre? Mais quel laboratoire social, quand même! Combien de temps peut-on y garder, tout au fond, des restants de vieux repas qu'on n'a même pas aimés la première fois, avant de récolter des horreurs de culture biologique sauvage qui nous lèvent le cœur?

Le réf... rigérateur. L'entendez-vous, là? Il gronde comme un moteur de vieille Volkswagen même s'il peut contenir bien moins de choses. Combien d'éléphants peux-tu mettre dans une Volkswagen? Quatre: deux en avant, deux en arrière. Comment sais-tu s'il y a un éléphant dans ton frigo? Tu vois ses traces dans le Jello. Et s'il y a deux éléphants dans ton frigo? Tu les entends se parler. Et s'il y a trois éléphants dans ton frigo? La porte ne ferme pas bien. Et s'il y en a quatre? Tu les cherches à la mauvaise place: regarde plutôt dans la Volkswagen.

Le réf... rigérateur. Si tu t'en débarrasses au dépotoir sans dévisser les pentures de la porte, un enfant pourrait s'enfermer là-dedans par accident. Si tu le jettes au dépotoir n'importe comment, il peut relâcher dans l'atmosphère un gaz qui détruit la couche d'ozone.

Le réf... rigérateur. J'ai pourtant acheté la meilleure marque, celle en laquelle le marché a le plus confiance, celle du réparateur qui s'ennuie parce qu'il n'a rien à réparer. Mes vivres ont le bonheur de vivre dans le meilleur frigo au monde. Alors pourquoi faut-il qu'il me tombe tant sur les nerfs en s'arrêtant, en recommençant, en grondant, en vrombissant, en ronronnant, comme s'il fallait faire entrer le bruit de nos usines dans nos cuisines?

Le réf... rigérateur. En fin de compte, c'est un sujet intéressant au début. Mais rapidement, notre taux d'intérêt baisse. Quand même, on est bien dans ma cuisine à parler de tout et de rien, de tout sauf du fameux référendum.

Pensez-vous qu'il va redémarrer bientôt?

C'EST PAS À TON TOUR DE TE LAISSER PARLER D'AMOUR

Le 3 novembre 1995. Le vote serré des Québécois au référendum sur la souveraineté du Québec a fait durcir les attitudes au Canada. On en a bientôt eu une preuve à Sudbury quand un spectacle de Gilles Vigneault a été annulé sous prétexte de menaces reçues.

En ces jours postréférendaires où nos leaders politiques parlent de réconciliation, d'ouverture et de négociation, un chanteur québécois qui voulait visiter Sudbury s'est fait refouler à coups de menaces de violence. Gilles Vigneault, invité par la maison de production de spectacles La Slague, ne viendra pas à Sudbury jeudi de cette semaine comme prévu.

Ces menaces sont le fait d'un Sudburois anonyme dont on ne sait rien sauf ceci: il ne peut pas tolérer dans sa ville, ne serait-ce qu'un soir, le célèbre chansonnier nationaliste qui a aussi trempé sa plume un jour pour coécrire le préambule de la Constitution d'un futur Québec souverain. Je me demande si la personne qui a proféré ces menaces a aussi pris l'autobus pour Montréal la semaine passée pour aller dire en hypocrite aux Québécois que le Canada les aime. Je me demande si Paul Demers, l'auteur d'un hymne de fierté franco-ontarienne ou d'autres artistes de l'Ontario français comme lui vont maintenant se faire fermer les portes du Québec au nez avec une excuse nouvelle: non plus «personne ne te connaît ici» mais, dorénavant, «personne ne veut te connaître ici, toi, le Franco-Ontarien».

Depuis longtemps, les Franco-Ontariens essaient de faire comprendre aux Québécois qu'ils ne doivent pas abandonner les minorités canadiennes-françaises, même après le jour où ils auraient choisi l'indépendance. Mais voici que quelque illuminé de Sudbury leur fait comprendre de manière bien plus tonitruante qu'ils n'ont pas à s'intéresser à nous. Comme si les Franco-Ontariens ne voulaient pas d'eux, de leur soutien, de leurs chansons.

Le plus ironique dans tout ça, c'est que j'ai peine à imaginer un acte de pression plus inutile que celui qu'on a fait contre Gilles Vigneault. Le pauvre chanteur aurait probablement donné son *show* devant une salle plus ou moins vide de toute façon. Il fallait bien une menace de violence pour que notre protestataire ait l'air sérieux. Une simple menace de boycott aurait fait rire tout le monde (sauf les pauvres organisateurs de spectacles qui y sont habitués et qui ne la trouvent pas drôle). On sait trop bien que la majorité des 30 000 francophones de Sudbury pratiquent depuis longtemps le boycott par désintérêt des spectacles francophones de toute façon.

Moi en tout cas, j'étais curieux de voir comment Gilles Vigneault allait se présenter à Sudbury et quelle eau il mettrait dans son vin quand il serait face à face avec un public franco-ontarien. Imaginons qu'on aurait vu, à la place des menaces, un mouvement se former pour assurer une salle comble pour recevoir Gilles Vigneault, afin qu'il retourne chez lui et qu'il raconte ça à ses amis séparatistes. Imaginons la courte allocution qu'on aurait pu faire juste avant le spectacle: «Monsieur Vigneault, voyez que nous sommes nombreux et bien vivants en Ontario français, que nous tenons à garder des liens avec le Québec, que votre culture nous appartient autant qu'à vous.» Un coup comme celui-là, ça aurait été autrement difficile à réussir, autrement intelligent et rentable au plan politique.

Mais à Sudbury, personne n'a d'idées comme celles-là. Celui qui a réagi a plutôt préféré planter un clou de plus dans le cercueil du Canada-Français. Mon pays, ce n'est pas un pays, c'est l'hiver.

Noël arrive bien tôt

Le 21 novembre 1995, un lundi. Des défilés de Noël avaient eu lieu le samedi précédent dans plusieurs communautés nord-ontariennes. D'autres viendraient dans quelques jours.

(Sur l'air de: Père Noël arrive ce soir)
On est juste en novembre
Mais ce n'est pas trop tôt
Déjà on nous a monté le bateau
C'est déjà la folie de Noël

Par mon message de ce matin, je veux alerter les gens qui pensent que tout est normal, que rien n'a changé, que tout va comme d'habitude dans les rues de nos villes et dans la tête de nos voisins. Je vous avertis, là: même si nous ne sommes que le 21 novembre, entrez-vous-le dans la tête, nous sommes entrés dans le temps des fêtes. Des gens comme vous et moi, nous sommes passés à côté de tout ça. Mais vraiment, nous devions être bouchés pour ne pas nous en rendre compte alors que tant d'autres ont tant fait en fin de semaine pour nous le faire remarquer.

Samedi, les voitures ont serpenté dans les allées congestionnées des terrains de stationnement immenses et pourtant bondés des grands centres commerciaux, où les conducteurs se ruaient avec le nerf d'un Jacques Villeneuve vers une place qui se libérait.

Samedi, dans le défilé du Père Noël, de jeunes filles ont fait des pirouettes en petites jupettes en plein hiver en plein dans la rue et faisaient la roue en plongeant leurs mains gantées en plein dans la *sloche*. Elles étaient suivies de près par un char allégorique en forme de guichet automatique portant les couleurs d'une grande banque canadienne. Émouvant symbole de l'esprit du temps des fêtes!

Samedi, de jeunes garçons se sont eux aussi faufilés dans le défilé du Père Noël, tout gênés d'être déguisés un peu bêtement en… garçons qui s'en vont jouer au hockey, leurs gros sacs d'équipement à l'épaule. C'est qu'ils étaient en réalité… des garçons qui s'en allaient jouer au hockey, que leur autobus a dû déposer bien loin de l'aréna dans la rue encombrée par le défilé du Père Noël.

Samedi, des enfants ont poussé des cris admiratifs dans les magasins à rayons devant un jouet bien à leur goût ou mieux encore, à leur dégoût: celui qui dispense une espèce de friandise sous forme de gelée aux couleurs douteuses qui gicle du nez, des yeux et des oreilles d'une figurine en plastique. Ragoûtant!

Samedi, il y a eu ceux qui sont revenus exténués mais soulagés de leurs courses aux cadeaux pour toutes les personnes sur leur liste. Ils se vanteront aujourd'hui à leurs collègues de travail d'avoir déjà terminé, eux, leur magasinage de Noël. Samedi, un pauvre insouciant s'est rendu en ville pour acheter un balai et a découvert, à son grand ahurissement, qu'il n'avait vraiment pas choisi la bonne journée pour ça.

Personnellement, je n'ai rien vu de tout ça. Je ne fais que répéter ce qu'on m'a raconté. Dans mon esprit à moi, c'est encore bien trop tôt pour le temps des fêtes. Vous qui me ressemblez, vous me comprenez. Mais nous n'avons vraiment rien dont être fier.

Nous sommes loin d'être plus brillants que les autres, bien au contraire, parce que, plus on attendra, pire ça sera. Tôt ou tard, nous allons devoir, nous aussi, emboîter le pas et plonger dans la folie furieuse, la course curieuse, l'immense danse en ligne sur des airs du temps des fêtes. Combien de pères Noël va-t-il falloir apercevoir avant de se rendre à l'évidence? C'est vrai, bel et bien vrai: on n'est que le 21 novembre et déjà, le temps des fêtes est arrivé.

Des économies de bout d'école

Le 29 novembre 1995. L'éducation était dans la mire du gouvernement Harris, qui multipliait les annonces de profondes refontes du système. La suppression de la 13e année du secondaire était une de celles-ci.

Une autre chose qui va bientôt prendre le bord de «la révolution du bon sens», c'est la treizième année des écoles secondaires de l'Ontario. L'idée de l'éliminer est devenue bien plus attrayante depuis que nous avons élu un gouvernement qui gère la dette publique d'abord, l'intérêt public ensuite. Il y a des économies à faire! De nos jours, c'est l'argument passe-partout, le principe universel qui vaut mieux que des années de recherches et de consultations.

Justement, j'ai relu un passage d'une consultation à ce sujet: le rapport de la Commission royale sur l'éducation déposé en décembre 1994. Là-dedans, on recommandait d'éliminer la treizième année, oui, mais avec d'autres visées, comme en témoignent ces deux phrases à la page 42 de la version abrégée du rapport. Je cite: *Aucune autre province ne garde autant de ses élèves aussi longtemps au secondaire, et nous ne voyons aucun avantage à le faire. Il vaudrait beaucoup mieux à notre avis consacrer les fonds publics ainsi engagés à l'éducation de la petite enfance.* Tiens, économiser au secondaire pour investir au primaire. Commencer d'éduquer les tout-petits au lieu de les asseoir devant le téléviseur chez des gardiennes à domicile. Voilà une autre idée qui aurait des vertus pédagogiques, surtout pour tous ces enfants qui arrivent dans les écoles françaises de l'Ontario sans avoir appris à parler français à la maison. La prématernelle pourrait peut-être le leur montrer mieux que les parents.

Mais y aurait-il là une économie rapide à faire? Non. Donc le gouvernement Harris a déjà torpillé cette idée-là cet automne, sans s'embarrasser de recommencer à nous consulter. Pas la peine non plus de consulter les élèves du secondaire eux-mêmes, en leur demandant par exemple s'ils se sentent prêts à affronter le collège où l'université à 17 ans, ni si leur douzième année leur a donné la culture nécessaire, ni s'ils ont la maturité qu'il faut pour profiter sérieusement du postsecondaire.

Un grand nombre de jeunes répondraient oui sans vraiment savoir ce qu'ils disent. Rendus à l'université, ces mêmes jeunes seraient tout étonnés d'échouer au test de compétence linguistique, sans lequel ils n'auront pas de diplôme. Car ils sont fort nombreux à se retrouver, après leur treizième année du secondaire, devant leur quatorzième enseignant de grammaire dans un cours de rattrapage universitaire, à ressayer d'apprendre ce qu'ils auraient déjà dû avoir appris au secondaire. Ces jeunes-là pourront bien conclure, mais ironiquement, que le gouvernement peut bien sacrifier une année du secondaire sans sacrifier grand-chose.

Mais de toute façon, là n'est pas l'essentiel. L'essentiel, c'est qu'on aura fait des économies. De même, on va parler de fermer de petites écoles de village, d'augmenter le nombre d'élèves dans les petites classes, de diminuer le nombre de conseils scolaires et de conseillers pédagogiques. Des centaines de millions de dollars auront été soutirés de l'éducation pour être injectés dans la haute finance. Nos institutions scolaires vont s'appauvrir pour enrichir les détenteurs de la dette nationale qui ont tant prêté à nos gouvernements dans le passé qu'ils les tiennent à la gorge aujourd'hui. De ces gens-là, personne n'exigera de comptes pédagogiques, ni même de comptes financiers.

Sur l'autel de l'intérêt

Le 4 décembre 1995. Le gouvernement Harris tenait ses promesses électorales en imposant des compressions budgétaires profondes à presque tous ses ministères.

Je ne suis ni banquier, ni économiste, ni homme d'affaires, donc mon opinion ne compte pas pour grand-chose dans le monde d'aujourd'hui. Mais le profane que je suis regarde le petit graphique en forme de tarte qui illustre les dépenses du gouvernement ontarien et y remarque une belle grosse pointe, 16 cents sur chaque dollar dépensé par la province de l'Ontario, qui n'a pas du tout été touchée par le gouvernement Harris dans les nombreuses compressions budgétaires annoncées jeudi.

Cette pointe de la tarte appartient aux instances financières mal connues qui ont prêté à nos gouvernements tout l'argent qu'ils leur ont demandé, sans jamais que ça fasse problème, jusqu'à ces dernières années où soudainement ils ne trouvent plus ça correct. Ces prêteurs prennent pourtant 16% de nos taxes et impôts qui paient l'intérêt (juste l'intérêt, même pas le principal) sur la dette publique colossale que le gouvernement ontarien, comme tant d'autres, a accumulée au fil des années.

Le pire, c'est que si vous regardiez la tarte du gouvernement fédéral, eh bien, cette même pointe-là serait presque deux fois plus grosse. Mais cette pointe-là de la tarte, jamais un gouvernement n'y touchera. Ce serait profaner la pierre philosophale, la vache sacrée, le veau d'or, l'esprit saint de notre société qui repose tout entière sur une grande règle morale: si je te prête mille dollars, tu m'en dois… trois mille, quatre mille, cinq mille. Ça dépend. De quoi? Dans quelle mesure tu m'inspires confiance.

Ça s'appelle l'intérêt et ça s'ajuste finement. Une baisse microscopique d'un dixième de un pour cent du taux d'intérêt sur sa dette colossale donne soudain au gouvernement des millions de dollars de marge de manœuvre. Mais attention, n'y pensez pas. On ne serre pas cette ceinture-là. On peut chambarder le gouvernement tout entier, réorganiser d'immenses bureaucraties, couper tous les services publics imaginables, faire souffrir presque tout le monde, fouler aux pieds les principes les plus chers au cœur de la populace, sans jamais égratigner le principe sacré de l'intérêt, ni les milliards de dollars de profits qu'en tirent les détenteurs de la dette nationale.

On nous dit qu'en continuant de s'endetter comme dans le passé, nos gouvernements finiraient en banqueroute et que le pouvoir de gouverner serait alors pratiquement entre les mains des grandes institutions financières internationales. Je vois mal comment ce serait si différent de ce que nous vivons aujourd'hui. L'État se retire, se rétrécit, abandonne, démissionne… et paie sa dette.

Est-ce que les grandes institutions financières qui profitent de la dette publique pourraient peut-être un peu réduire l'intérêt sur les prêts passés pour participer avec nous à la grande distribution des sacrifices? Est-ce que quelqu'un vous a proposé dernièrement, à vous, de prendre à votre compte un peu de la dette publique, de prêter un peu d'argent au gouvernement à un taux d'intérêt moins élevé que celui qui est exigé du gouvernement? On ne propose pas des choses comme ça si on veut avoir l'air sérieux. Mais les compressions massives que vient d'annoncer le gouvernement Harris, ça c'est rationnel, c'est responsable, c'est courageux. C'est le monde qui tourne comme il se doit.

Si un grand banquier m'écoutait par hasard ce matin et avait une heure à perdre, je l'inviterais à me téléphoner pour m'expliquer comment lui aussi apporte son offrande au grand sacrifice collectif sur l'autel de l'intérêt. Je promets d'essayer de le croire.

Oui, Virginie, Mike Harris existe

Le 20 décembre 1995. «Yes Virginia, there is a Santa Claus.» Voilà la phrase qui évoque le plus célèbre des éditoriaux américains. Quelque part en décembre, la radio traverse une frontière floue entre les préoccupations du temps normal et celles du temps des fêtes. Ce pastiche du célèbre éditorial était à califourchon sur cette frontière.

Cher CBON,

J'ai huit ans. Mon amie dit que Mike Harris n'existe pas. Mon papa dit: si tu l'entends à CBON, c'est la vérité. Alors dites-moi, s'il vous plaît: est-ce que Mike Harris existe?

Signé: Virginie

Virginie, ta petite amie est dans l'erreur. Elle est à l'âge où l'on prend l'idéalisme pour une vision du monde. Elle ne croit pas à une vérité désolante qui est trop grande pour sa petite intelligence. Mais devant l'immensité de la dette publique, l'intelligence de tout homme, femme ou enfant de ce pays est minuscule.

Oui, Virginie, il y a un Mike Harris. Il existe aussi sûrement qu'existent les banques, les bourses, les taux d'intérêt, les multinationales et le Fonds monétaire international. Et tu sais comme ces choses-là donnent à la vie tout son sens.

Que de profits seraient perdus si Mike Harris

n'existait pas! Il faudrait vider les tirelires de toutes les Virginie du monde. Sans les lois du marché, quelle loi resterait-il? La petite flamme qui anime l'âme de notre monde moderne s'éteindrait. Ne pas croire à Mike Harris? Autant ne pas croire à l'argent!

Même si ton papa embauchait des gens pour surveiller par le trou de leurs cheminées tous les Ontariens qui vivent d'aide sociale, sans en trouver un seul qui en abuse, ça ne prouverait pas que l'abus n'existe pas. Parce que le vrai abus, c'est qu'avec l'aide sociale, personne n'a envie d'aller travailler pour un salaire moindre que l'aide sociale.

Virginie, les êtres les plus vrais au monde sont ceux qu'on ne voit jamais. As-tu déjà vu un multimillionnaire? Bien sûr que non, mais cela n'est pas une preuve qu'il n'en existe pas. On peut défaire le hochet du bébé pour voir ce qui fait le bruit à l'intérieur, mais le monde, lui, est couvert d'un voile que l'homme le plus fort de tous ne pourrait déchirer. Ce n'est qu'en écartant ce voile, celui de l'idéalisme naïf et de la générosité simplette des gens sans pouvoir, que tu verras la vérité sur nos relations avec notre prochain. Il y a tant de grands de ce monde qui veulent ton bien.

Pas de Mike Harris? Au grand contraire, Virginie, il a toujours existé et il existera toujours. Dans mille ans d'aujourd'hui, non, dans dix fois dix mille ans, il sera là encore pour raffermir le cœur des électeurs de bonne volonté.

UN SOUHAIT DU JOUR DE L'AN

Le 4 janvier 1996. Alors que le dossier de l'unité nationale dominait l'actualité, la presse anglophone montait en épingle les moindres incidents qui puissent passer pour l'oppression de l'anglais au Québec, comme l'application de loi sur l'affichage commercial. Ou encore, cette histoire de fêtards.

La veille du jour de l'An, il y a eu du grabuge de fêtards dans les rues de la ville de Québec. Deux jeunes Ontariens ont été arrêtés par la police. Or, ils disent avoir été arrêtés injustement parce qu'ils n'ont pas pu s'expliquer avec les policiers en anglais. Le chef de la police, lui, prétend que ce sont les jeunes hommes qui ont refusé de répondre aux questions des policiers, qui les ont posées en anglais. Avec cet incident de faible importance, vous l'avez vu et entendu, on a fait une nouvelle à sensation dans tous les grands médias.

Les deux versions de l'histoire, bien que contradictoires, ont un présupposé en commun. Au Québec, tous les Canadiens sont chez eux et peuvent s'attendre à parler anglais partout. Mais que c'est donc beau de voir ces jeunes Ontariens anglophones affirmer leur innocence en versant les accusations contre eux au compte de l'irrespect pour leur langue minoritaire. J'avoue que je n'aurais pas leur courage.

Si j'avais le malheur d'être arrêté, non pas comme touriste, mais chez moi dans le Nord ontarien où un habitant sur quatre est francophone, que ce soit par la police provinciale ou même par la police de Sudbury, j'aurais le droit, selon la loi et les fantasmes préréférendaires du maire Gordon, de parler français. Mais devant un policier qui déjà me regarde de travers, pensez-vous que j'oserais lui parler de travers, en disant «Please speak French»? Si j'insistais, aurais-je le droit d'être indigné si tout d'un coup mon cas se compliquait? Est-ce que je ferais les nouvelles nationales? Lirait-on dans les journaux: *Northern Ontario Man Arrested in English*? Je pense que non. De toute façon, je l'avoue à ma courte honte, en Ontario, j'ai très souvent la très nette impression que pour mon propre bien, je fais mieux de parler l'autre langue officielle. Mais quand on est jeune fêtard ontarien en vacances bruyantes à Québec, on n'a pas ces scrupules-là.

Mon anecdote du nouvel an ne vous surprend probablement pas. Nous savons trop bien qu'au Canada le bilinguisme a deux poids, deux mesures. Il y a une paille dans l'œil québécois, une poutre dans l'œil ontarien et oh! que la paille fait souvent parler d'elle. Mais attention, quoi qu'en disent les journalistes canadiens-anglais et les fêtards mal pris, les Québécois parlent anglais. Ils le comprennent bien assez en tout cas pour comprendre le double standard de la presse canadienne et pour juger qu'elle découle de l'ignorance ou de l'hypocrisie. Et après trente ans de débat national, c'est dur de croire que cette attitude est le fruit de l'ignorance.

Je tire de cette petite histoire la petite morale suivante: qu'on le veuille ou non, la timidité de notre bilinguisme nord-ontarien aide la cause séparatiste. Si nous tenons au Canada, nous ferions bien mieux de faire progresser le français chez nous tout de suite, au lieu d'attendre le prochain référendum pour aller branler des drapeaux canadiens à Montréal. Comme propagande, ce serait autrement convaincant.

Au nouvel an, on souhaite que les choses changent pour le mieux. Elles auront changé quand la presse nationale s'inquiétera des Canadiens-Français qui vivent en Ontario, tout comme elle s'inquiète de deux jeunes fêtards anglophones de passage dans le Vieux-Québec. Mettons que c'est ça, mon souhait du nouvel an. Ça et gagner à la loterie. Pour l'un comme pour l'autre, j'aurai les doigts croisés longtemps.

Le for intérieur d'un ex-fumeur

Le 17 janvier 1996. La plus typique des résolutions du nouvel an est de cesser de fumer. Celles-ci étaient encore fraîches dans les mémoires, mais j'avais aussi comme prétexte dans l'actualité une semaine nationale de sensibilisation à l'usage du tabac. (Dois-je avouer aujourd'hui qu'après quatre années d'abstinence, j'ai recommencé à fumer?)

Hypnotisme, laser, messages subliminaux, filtres en plastique, groupes d'appui, ordinateurs de poche, messages publicitaires énervants, règlements agaçants, collègues achalants, couches froides, fouets, camisoles de force... Voilà quelques-unes des douzaines de choses qu'on propose aux gens qui veulent cesser de fumer. Pareil bazar, c'est signe que rien de tout ça ne marche vraiment. Voilà pourquoi c'est sans garantie que ce matin, je vous propose autre chose.

Ça fait cent soixante-dix-neuf jours et demi que je cesse de fumer. C'est chaque jour qu'un ex-fumeur cesse de fumer. Il faut donc bien plus qu'une méthode. Il en faut des centaines. Ce qu'il faut surtout, c'est de l'imagination pour inventer les mille et une bêtises qu'il faut se dire à soi-même parce que, dans notre entourage, plus personne ne veut nous écouter. Donc ce matin, voici mon petit coup de pouce à ceux et celles qui ont cessé de fumer: je vous fournis une bêtise toute cuite dans le bec. C'est un monologue intérieur d'ex-fumeur. Prenez-le, je vous le donne. Ça vous en fera un de moins à inventer vous-même.

Je parlais d'imagination. Eh bien, voilà justement le nœud du problème du fumeur. On tend la main vers le paquet et le briquet chaque fois qu'on s'imagine... que les choses pourraient aller mieux, qu'on pourrait se sentir mieux, qu'on pourrait faire mieux, qu'on mérite mieux. Erreur! Erreur! Erreur! Et erreur!

Mettez-vous ceci dans la tête une fois pour toutes: les choses vont MAL! Admettez-le que ça va mal. Partout, toujours, ça va mal. La loi de Murphy le dit: si ça peut aller mal, ça va aller mal. Acceptez ça enfin et vous verrez qu'il n'y a plus aucune raison de fumer. Jamais les choses ne vont vraiment bien. La preuve, c'est que même quand ça semble aller bien, avec une cigarette, ça irait encore mieux. Et quand ça va mal, la petite bouffée de courage, de patience, de présence d'esprit ou de calme qui vient du tabac ne change quand même rien au fait que ça va mal.

Ce qu'il vous faut plutôt, c'est de savoir arrêter d'imaginer que ça pourrait aller mieux. Quand j'ai compris que tout va toujours mal, j'ai compris que toutes les cigarettes au monde ne changeront rien à rien. J'ai trouvé en moi une paix tout orientale et j'ai entendu en moi une méditation toute paradoxale. (Imaginez ici un bruit de petites clochettes orientales.) «Ça va mal. Je le sais. Je ne veux surtout pas que ce soit autrement. Et je ne peux pas imaginer comment ça pourrait être autrement.»

Voilà un seul exemple des millions de monologues intérieurs qui résonnent dans la cervelle torturée d'un ex-fumeur. S'il y a un ex-fumeur dans votre entourage, ne restez pas là, sauvez-vous! Surtout ne lui parlez pas, même pas pour l'encourager, vu le fait que nous sommes en pleine semaine nationale antitabac. Fuyez!

Car le niveau supérieur de la sagesse de l'ex-fumeur vient beaucoup, beaucoup plus tard. Il vient le jour où l'on comprend que les monologues intérieurs ne changent rien eux non plus. On a beau avoir imaginé les plus rusés des discours de soi à soi, après tout ça, l'envie de fumer revient quand même. Le jour où j'aurai admis ça, la petite voix des monologues intérieurs pourra enfin me ficher la paix… j'imagine.

Le séparatisme anti-séparatiste

Le 26 janvier 1996. Un des avatars du débat sur l'unité nationale a été la question de la divisibilité du Québec, notion miroir de la divisibilité du Canada qui sous-tend la démarche référendaire. La presse faisait une large place à des communautés anglophones du Québec qui avançaient ce principe. J'ai apporté de l'eau au moulin.

Si jamais le Québec se séparait, entendait-on dernièrement, des villages anglophones de l'Outaouais, une partie de l'île de Montréal et certaines tribus amérindiennes réclameraient le droit de se séparer d'un Québec séparé. Tiens, on dirait le début d'un nouveau mouvement: le «séparatisme anti-séparatiste». Devant ça, les péquistes vont bien devoir répliquer en toute logique par de «l'anti-séparatisme anti-séparatiste». La tête me tourne...

Tenons-nous en au «séparatisme anti-séparatiste» canadien-anglais que je crois à peu près comprendre. Tout comme le séparatisme québécois, il sert à montrer le caractère intouchable de la vache sacrée constitutionnelle. Ça fait moins peur de penser séparer le pays en morceaux de plus en plus petits que de penser repartager quelques champs de compétence entre le fédéral et le Québec. Il vaut mieux ajouter à l'agitation séparatiste que d'essayer de calmer au Québec les craintes pour l'avenir inspirées par les leçons du présent sur la place du français au Canada.

Si c'est du séparatisme anti-séparatiste qu'il faut pour défendre le Canada bien-aimé contre tout changement constitutionnel raisonné, eh bien, allons-y bravement gens du Nord: par amour pour le Canada, devenons séparatistes nord-ontariens.

Pour commencer, le Nouvel-Ontario est une société distincte. Le gouvernement sud-ontarien a maintes fois reconnu notre caractère distinct. Il l'a fait en créant un ministère distinct pour le développement du Nord et des mines (deux genres de trous, dit l'autre). Il l'a fait en nous faisant payer moins cher les plaques d'immatriculation de nos voitures. Il l'a fait en nous privant de médecins, d'autoroutes, d'emplois et de tant d'autres choses courantes dans le Sud.

Aux élections, le Nord ontarien a si peu de poids que nous subissons Mike Harris même en ayant voté contre lui. Depuis toujours, le Nord voit sa population émigrer dans le Sud sans que les politiques n'essaient vraiment de l'empêcher. Un gouvernement nord-ontarien pourrait exiger que nos ressources naturelles soient transformées chez nous plutôt qu'exportées. En somme, il y a plein de bons arguments qui disent que le Nord ontarien doit se prendre en main et devenir maître chez lui.

De pareilles idées ont déjà circulé dans les années 70. Un certain Ed Diebel avait récolté 10 000 signatures et fondé le *Northern Ontario Heritage Party*, qui voulait faire du Nord ontarien la onzième province canadienne. Mais ce pauvre type n'était sans doute pas un as de la stratégie électorale. Il était contre la loi sur les langues officielles, contre les écoles catholiques, françaises ou anglaises, contre le français dans la fonction publique, tout ça dans sa future province où un électeur sur trois est francophone. Un autre que lui ferait peut-être mieux aujourd'hui, alors que même de petits villages de l'Outaouais, des réserves indiennes isolées dans l'Ungava et des banlieues cossues de Montréal peuvent parler de séparatisme en se faisant prendre au sérieux.

En cette fin de siècle, tout le monde a peur d'être avalé par un plus gros. Tout le monde a peur de devoir cesser d'être soi-même et de ne plus reconnaître son reflet dans le miroir, juste pour accommoder quelque grand système déjà bien assez puissant sans ça. Comme les Anglo-Québécois de tout à l'heure, j'ai peur moi aussi de tout le monde qui ne me respecte pas. J'aurais envie, moi aussi, de faire de ma maison et de mon terrain une société distincte, un petit pays à ma mesure qui me ressemble. Mais alors, est-ce que mon chat et mes poissons d'aquarium voudront en faire partie?

ON N'A PLUS LES COMMUNISTES QU'ON AVAIT

Le 22 février 1996. Après les compressions budgétaires touchant tous les ministères et le congédiement de milliers d'employés de l'État, la convention collective des fonctionnaires provinciaux arrivait à échéance. Leur syndicat envisageait la première grève de son histoire.

Il n'y a pas si longtemps, le Nord de l'Ontario avait la réputation d'être un repaire de communistes. Communiste, c'était le synonyme méchant de syndicaliste. C'était le gros mot-épouvantail dans la bouche des employeurs, des journalistes et des curés en chaire. Il fallait ce gros mensonge en réponse à des gens assez courageux pour dire de grosses vérités et assez résolus pour se faire craindre. Aujourd'hui, heureusement, «communiste» c'est une insulte-fossile, l'écho d'un passé dont on a déjà peine à se souvenir.

Dans ce temps-là, les syndicalistes canadiens, particulièrement ceux du Nord ontarien, avaient la réputation d'être militants, convaincus et sérieux. Des victoires arrachées chez nous ont aidé les travailleurs de partout. Par exemple, c'est après une grève particulièrement pénible à Kirkland Lake en 1944 que le gouvernement fédéral a adopté une loi obligeant tous les employeurs du Canada à reconnaître un syndicat que ses employés choisissaient. Ce n'était qu'une grève marquante parmi beaucoup d'autres, qui ont rarement eu bonne presse, qui ont rarement été bien vues, qui ont souvent été pénibles, qui ont toujours coûté cher en dollars et en souffrances familiales. Pourtant, à cause d'elles, le salaire moyen, les régimes de pension et les conditions de travail de tous, syndiqués ou non, allaient s'améliorant.

Mais qu'est-ce qui s'est passé depuis? De nos jours, plus personne n'a besoin de vous traiter de communiste. Le mot «syndiqué» est bien suffisant pour irriter l'opinion publique. Syndiqué, c'est devenu le synonyme de privilégié, surpayé, injustement protégé. «Pour qui vous prenez-vous, les syndiqués, pour oser vouloir améliorer votre sort quand tant de chômeurs seraient heureux de prendre votre emploi à moindre salaire?» Mettez maintenant dans la même phrase les mots fonctionnaire et syndiqué et vous n'avez certainement pas un début de chanson d'amour. Je plains ceux et celles qui parlent ces temps-ci de faire la première grève de la fonction publique ontarienne, si loin après l'âge d'or du syndicalisme canadien.

Si le syndicalisme est dans ses petits souliers en cette fin de siècle, c'est parce que le bien-être relatif des syndiqués est entaché d'une faute originelle impossible à corriger: il n'est pas donné à tous. Les communistes, les vrais, comprenaient bien ça quand ils se donnaient comme mission d'unir les travailleurs du monde entier. Car sans cette solidarité-là, le progrès des uns est l'injustice des autres. Comment un syndiqué canadien peut-il accepter qu'un travailleur chilien ou chinois soit payé le dixième de son salaire pour le même travail? Comment les grandes entreprises multinationales ont-elle le culot de fermer des usines ici et les rouvrir là où de pauvres gens feront plus de besogne pour moins d'argent? Comment peut-on reprocher aux services publics d'engendrer un déficit quand c'est l'intérêt sur la dette accumulée qui engendre le déficit annuel? Face à tout ça, le syndicalisme d'aujourd'hui est plus que jamais appelé à se donner un objectif essentiellement politique et une envergure mondiale.

La grève des fonctionnaires qui s'annonce aurait pu être l'occasion d'amorcer un tel mouvement qui verrait loin et qui mènerait loin, bien loin de la révolution du bon sens. Mais à en juger par les porte-parole syndicaux, elle ne ressemblera en rien à ça. Avec le temps, les salaires ont monté, mais l'idéal a baissé. Personne ne confond les syndiqués d'aujourd'hui avec les communistes d'hier. Car tout ce qu'ils défendent, ce sont leurs privilèges.

Le sacre du printemps nord-ontarien

Le 11 avril 1996. Cette année-là, l'hiver a été long et froid dans le Nord ontarien. Il a commencé à neiger au mois d'octobre et il en tombait encore au mois d'avril. J'en ai eu l'esprit troublé vers la fin. C'est ainsi que j'ai livré ce billet en ondes, agrémenté des effets sonores évoqués.

Jusqu'ici, j'ai été patient. Je me suis tu, par respect pour les skieurs, les motoneigistes, les enfants en traîneau et les bonshommes de neige. Mais là, je m'excuse, je craque. Je n'en peux plus, je dois le dire enfin. Ça va faire, l'hiver! Dites-moi donc ce que nous avons fait aux météorologues d'Environnement Canada pour qu'ils nous flanquent cette année un hiver qui a débuté en octobre et qui, de toute évidence, ne finira pas avant mai? C'est de notre faute. C'est toujours de notre faute, ça au moins c'est sûr. On n'a qu'à regarder la politique ontarienne pour comprendre que le pauvre monde est responsable de tout ce qui va mal. Donc si le printemps n'arrive pas, c'est parce que nous n'avons pas fait ce qu'il faut pour chasser l'hiver et faire place au printemps.

Dans les époques anciennes qu'on qualifie de primitives, on savait comment s'y prendre. On avait des cérémonies, des rites, des fêtes, des gestes précis à poser pour que la grande roue du temps tourne comme elle doit. Mais nous, qu'avons-nous fait pour dire au printemps que son temps est venu? C'est vrai, j'ai quand même vu de beaux efforts, dernièrement. J'ai vu des gens casser la croûte de glace dans leur entrée à grands coups de pelle résonnante qui faisait écho sur les murs du voisinage. J'en ai vu effacer la plage de sable accumulée sur le trottoir devant leur maison à petits coups de balai résolus en attendant de pouvoir s'y prendre au grand jet d'eau du boyau d'arrosage. J'ai vu un gars savonner amoureusement sa belle voiture, avec un gros seau d'eau chaude qui livrait sa vapeur aux deux degrés Celsius de l'air ambiant. J'ai vu enfin, finalement, le signe qui ne trompe pas, le signe qui sème la joie au cœur mieux que tout autre, le signe qui vaut bien mieux que le retour d'une hirondelle qui de toute façon ne fait pas encore le printemps. J'ai vu deux adolescents se promenant dehors en pantalons courts et en t-shirts. C'est formidable, les jeunes! Surtout, ne lâchez pas.

À notre époque désacralisée, sans les rites et les cérémonies d'autrefois, c'est par de petites folies individuelles comme celles-là que nous essayons de faire tourner un peu plus vite la grande roue des saisons. Mais encore faut-il les poser, ces gestes! Écoutez, tout le monde, ça va faire l'hiver. Aidons-nous un peu. La fin de semaine s'en vient, vous aurez le temps. Promettez-moi que, beau temps, mauvais temps, vous aller sortir dehors et faire quelque chose de fou, de hors-saison, pour que pépère l'Hiver voie ça, qu'il ait peur de vous et qu'il lève le camp.

Comme quoi? Comme quoi... Eh bien, faites preuve d'imagination, voyons! Mettez votre chapeau de paille! Sortez vos chaises de parterre dans la neige! Prenez un verre dehors dans votre cour arrière! Jouez au badminton dans la boue! Faites-vous bronzer! N'importe quoi mais, bon sens, faites quelque chose! Puis tiens, pourquoi ne pas commencer tout de suite, à l'instant même? Cognez sur vos casseroles si vous êtes dans votre cuisine! Jouez du klaxon si vous êtes dans votre voiture! Chantez «Oh, soleil, soleil» à pleins poumons si vous êtes au bureau! Faisons le tintamarre pour chasser l'hiver et saluer le printemps. Allez-y! Allez, allez! C'est beau! Continuez, ça s'en vient, je le vois… Le printemps arrive!

MON DÉFICIT INTELLECTUEL FACE À LA DETTE NATIONALE

Le 17 avril 1996. Le gouvernement Harris ne manquait jamais une occasion de rappeler que sa compression des dépenses du gouvernement provincial était la conséquence de la réduction des paiements de transfert du gouvernement fédéral, résolu lui aussi à réduire son déficit annuel. Ici encore, j'avais habillé ce billet d'effets sonores de touches de clavier.

Une chose qui m'avait beaucoup frustré à l'école secondaire, c'était quand on m'avait obligé de suivre un cours de dactylographie. Moi je voulais suivre un de ces ateliers bien plus pratiques, utiles et, pour tout dire, virils, comme la mécanique, la menuiserie, la soudure. Mais tout ça, c'était pour les vrais gars, ceux du programme technique. Eh bien! Vingt-cinq ans plus tard, qu'est-ce qu'on voit sur tous les bureaux? Un ordinateur. Et comment ai-je gagné ma vie depuis le secondaire? Plus souvent qu'autrement, assis devant un ordinateur. Donc savoir écrire vite à la machine, c'est sans doute la chose la plus pratique que j'ai apprise au secondaire. C'est une petite connaissance technique qui a fini par me soutenir dans ma quête d'une culture personnelle et ma saisie du monde qui m'entoure.

C'est dommage qu'on n'ait pas vu pour moi le même mérite au cours de commerce. Qui sait ce dont je serais capable aujourd'hui si j'avais appris à taper vite à l'autre petit clavier de l'ordinateur, le clavier numérique? Pourrais-je comprendre la dette nationale, pour en arriver à comprendre le désolant climat politique qu'elle a engendré?

Petit problème de finances publiques: calculons. Qu'est-ce qui a le plus contribué ces dernières années à la réduction du déficit annuel de nos gouvernements: A) Les compressions budgétaires, l'élimination d'emplois et la réduction de services? Ou B) La baisse des taux d'intérêt depuis quelques années, qui a fait baisser les paiements que nos gouvernements doivent verser aux détenteurs de la dette publique?

Bonne question, mais je n'ai aucune idée de la manière de calculer la réponse. Alors je m'essaie à la même question posée plus ou moins à l'envers. Au début des années 80, les taux d'intérêt ont atteint les vingt et les trente pour cent et ont mis du temps à descendre graduellement jusqu'à leurs bas niveaux d'aujourd'hui. Nous voyions nos voisins perdre leur maison que leur banque venait saisir, parce que leur distinguée clientèle ne pouvait pas faire des paiements mensuels minimaux qui avaient triplés. Donc calculons: quelle tranche de la dette accumulée d'aujourd'hui résulte des intérêts faramineux des emprunts d'alors, à des taux excessifs qui servaient simplement à calmer la crise de confiance des prêteurs? Puisque nous y sommes, selon quels calculs ceux-ci sont-ils prêts à prêter à taux moins fort à nos gouvernements aujourd'hui, tout en disant que leur grosse dette accumulée les entraîne vers la ruine et en exigeant la compression de leurs dépenses?

Le même problème pourrait se poser d'encore bien des façons. Essayons par exemple de calculer quelle partie de la dette accumulée du Canada dépend vraiment de nos folles dépenses sur des choses frivoles comme les soins de santé, l'éducation, le logement ou l'assistance sociale, et quelle part a servi à calmer les nerfs fragiles des prêteurs. De très intéressantes questions, tout ça. Mais à y réfléchir un peu, on s'aperçoit que ce n'est pas l'arithmétique qui peut y répondre.

Il était une époque où la science économique dictait qu'un déficit annuel était une chose saine et souhaitable que le gouvernement se devait de faire pour stimuler l'économie. Nos hommes et femmes politiques ont suivi les conseils de ceux qui savent compter jusque dans les milliards et prévoir le cours d'une économie nationale. Mais la science économique a changé. Aujourd'hui elle nous dit que nous sommes coupables d'avoir cru à la science économique d'hier. Donc même quand on sait compter, deux plus deux feront quatre jusqu'à ce que ceux à qui ça profite décident de changer la méthode de calcul.

À moi et à bien d'autres, on a fait croire que c'était avec les mots et les idées, donc une machine à écrire, qu'on pouvait espérer changer le monde pour le mieux. Aujourd'hui, on voit bien trop clairement que ce sont les chiffres et les pourcentages qui mènent. C'est pour ça que j'aimerais bien être plus habile à la calculatrice. Mais je devine que pour vraiment comprendre ce que ceux qui savent calculer ont dans la tête et dans le cœur, au fond, la calculatrice n'est d'aucun secours.

Le drapeau du dépotoir

Le 25 avril 1996. Depuis deux ou trois ans, le gouvernement fédéral accentuait sa promotion et sa distribution du drapeau canadien aux alentours de l'anniversaire de son adoption en 1965. La ministre du Patrimoine canadien Sheila Copps était vue comme la dame aux drapeaux. C'était dans la foulée de l'échec de deux accords constitutionnels: celui du lac Meech, faute du vote unanime des gouvernements provinciaux, et celui de Charlottetown, faute du vote majoritaire des citoyens à un référendum national.

En 1965, j'étais trop jeune pour suivre toutes les nuances du difficile débat national qui a fini par accoucher du drapeau canadien. Mais un jour le débat a atteint mon voisinage d'une manière que même un garçon d'école primaire pouvait saisir. J'étais allé avec mon père porter de gros déchets au dépotoir. Et parmi tout ce qui traîne dans un dépotoir, j'ai vu une quantité de petits drapeaux d'un genre que je n'avais jamais vu auparavant. Ils avaient deux bandes bleues à chaque bout, et au centre, sur fond blanc, trois feuilles d'érable rouges attachées à une même tige. Eh bien, tiens... J'en ai ramassé quelques-uns, parmi les plus propres, parce qu'après tout, ça me sautait aux yeux: ce curieux fanion jeté aux ordures avait failli devenir le drapeau du Canada.

Même un enfant pouvait saisir la différence du symbolisme entre le fanion rejeté et l'autre qu'on a adopté. Entre les deux bandes bleues qui semblaient dire «d'un océan à l'autre», les trois feuilles unies à la base semblaient dire, à la fois «unité» et «diversité». L'autre drapeau, le vrai que j'avais déjà vu flotter ici et là, s'arrêtait net dès le mot «unité». La grosse feuille d'érable unique effaçait les différences et conférait à tous la même identité nationale.

Je n'avais pas trouvé ce jour-là, dans ce dépotoir de Sault-Sainte-Marie, le troisième des modèles finalistes du débat houleux de 1964. C'était, à ce qu'on dit, un *red enseign* avec son *Union Jack* dans le coin, mais agrémenté d'une fleur de lys.

De ces trois visions du symbole battant de la fierté nationale, le Canada a vu son avenir dans le symbole de l'unité. Adieu, *red enseign*, drapeau canadien officieux qu'il remplaçait, qui portait des armoiries ornées de toutes sortes de symboles: anglais, écossais, irlandais et français. Le nouveau drapeau, lui, tournait le dos à la diversité et à l'histoire, source de conflits et de divisions que le futur allait transcender. Trente et un ans plus tard, c'est la grosse feuille d'érable rouge qu'on est allé balancer au visage des Québécois à la veille d'un référendum très serré. Trente et un ans plus tard, c'est la grosse feuille d'érable rouge qui flotte sur une capitale où dans les coulisses, on mijote pour le Québec un plan A qui dit «aimez-nous tel que nous sommes» et un plan B qui dit «autrement, vous allez y goûter». La grosse feuille d'érable rouge est devenue le symbole du *melting pot* assimilateur que le Canada voudrait être, à l'image de son gros voisin du sud.

Il avait fallu des années de débats envenimés, mais au bout du compte, le Canada s'était finalement donné un drapeau. Or, après trente autres années d'efforts, dont un lac Meech et un Charlottetown, le

Canada n'a pas pu se donner un autre symbole national: une Constitution un tout petit peu plus flexible. Le Canada n'a pas pu rassurer les Québécois qui craignent que la centralisation fédérale finisse par les effacer de la carte du Canada au cours du prochain siècle.

Un drapeau, une Constitution, ce sont des symboles puissants. Qui sait ce que le Canada serait devenu après un oui au référendum sur l'accord de Charlottetown? Qui sait si nous en serions venus à ce référendum sous l'autre drapeau, celui qu'on a jeté au dépotoir?

Hausse de taxes? J'applaudis.

Le 30 avril 1996. L'appui aux compressions gouvernementales découle de l'opinion que les Canadiens sont surtaxés. Deux conseils scolaires de Sudbury ont pourtant osé braver l'opinion publique en haussant leurs taxes. (Note pour ceux qui liront ce billet jusqu'à la fin: Harris a fini par réduire les impôts des Ontariens.)

Par les temps qui courent, aucun gouvernement n'ose hausser les taxes. La politique de nos jours est prête à tout, sauf ça. C'est comme si le fardeau fiscal des contribuables était de loin le pire des malheurs de la société, le plus dangereux ferment de révolte sociale.

C'est devenu quoi, l'art de gouverner de nos jours? On peut mettre une dizaine de milliers d'employés de l'État au chômage. On peut réduire la durée des prestations d'assurance-chômage. On peut réduire le montant des chèques d'aide sociale. On peut fermer n'importe quelle porte, repousser toutes les mains tendues. On peut submerger le public de tant d'annonces de réductions et d'élimination de services qu'on lui fait croire qu'il ne sert plus à rien de protester, ni même de s'émouvoir. On peut tout, sauf taxer davantage.

La politique, de nos jours, c'est flatter en chaque électeur celui qui applaudit les compressions, aussi longtemps que c'est son voisin et non pas lui qui mange la claque. Mais j'en ai vu quelques voisins, sur les trottoirs de Sudbury, qui ont mangé la claque. Moi qui ne traîne pas souvent les rues, je les ai vraiment vus.

J'ai croisé une femme que je ne connaissais pas, la larme à l'œil, l'air perdu, un bout de papier à la main qu'elle regardait d'un air incrédule. Elle ne m'a pas adressé la parole ni même croisé des yeux. Mais quand je lui demandé ce qui n'allait pas, elle m'a montré ce bout de papier qui lui annonçait qu'elle allait devoir survivre avec encore moins de prestations d'aide sociale qu'avant. Une autre fois, j'ai croisé un adolescent amérindien qui chancelait un matin sur le trottoir, pieds nus dans la neige, en commençant tôt son lendemain de veille. Il s'est fait croire, en me le disant, qu'il se retrouvait dans ce lamentable état parce qu'il est un Indien. Et une fois, un gars m'a quémandé de la monnaie en français, ce qui surprend toujours à Sudbury, malgré tout, en précisant: «Ce n'est pas pour boire, Monsieur. C'est pour manger. Moi, je bois pas.» J'ai vu ceux-ci qui donnent envie de ne plus voir tous les autres, ceux qui ont la chance de pouvoir dire: «J'appuie les compressions parce qu'elles ne me touchent pas directement.»

Mais voici que, coup sur coup, les deux conseils scolaires de Sudbury, public et catholique, ont annoncé leur intention de hausser les taxes scolaires cette année. Ils ont fait de profondes compressions l'an dernier et cette année, et malgré tout, ils vont devoir hausser les taxes scolaires d'environ 5%. Eh bien, félicitations! Par les temps qui courent, c'est du vrai courage politique. Je les félicite au nom de tous ceux qui sont capables de payer davantage mais qui chialeront quand même, tant je ne veux pas accepter que nos écoles, nos communautés, notre société doivent se dégrader davantage pour le bénéfice des principes comptables.

Quand je pense à tout le mal qu'on nous a fait au nom du déficit, il y a une pensée qui me donne la nausée. C'est qu'après tout ça, comme il l'a promis, le gouvernement Harris aura peut-être vraiment le culot de réduire nos impôts.

Cours de bon sens, niveau un

Le 6 mai 1996. Le document qui avait présenté la plate-forme électorale du Parti progressiste-conservateur ontarien s'intitulait: La Révolution du bon sens. Après l'élection, c'était devenu le slogan entendu à l'occasion de chaque nouvelle mesure que le gouvernement annonçait.

Mesdames et messieurs, j'espère que vous allez pouvoir m'aider. C'est que, voyez-vous, je suis en train de suivre un petit cours de bon sens et j'avoue que j'ai beaucoup de misère à le comprendre. Le problème, c'est que ce n'est pas donné à tout le monde de reconnaître le bon sens. Parfois le bon sens et le non-sens sont si curieusement semblables que c'est difficile de les démêler.

Regardez: un gouvernement donne cinq cent dollars sous forme de chèque à un bénéficiaire d'aide sociale. Cette personne-là s'en sert pour se payer de la nourriture, de l'électricité, un loyer. Ça, c'est une dépense non productive, un fardeau pour le contribuable. C'est un non-sens! Mais ce même gouvernement donne cinq cent dollars sous forme de réduction d'impôt à quelqu'un qui a un bon emploi bien payé. Cette personne-là s'en sert pour se payer une motocyclette, un barbecue, un voyage. Ça, ça s'appelle une stimulation de l'économie, une politique créatrice d'emplois. Ça, c'est du bon sens. Les deux choses sont quasiment pareilles et pourtant, l'une est mauvaise et l'autre est bonne. J'avoue que j'ai de la misère à les démêler, comme dans cet autre cas-ci.

Regardez: le citoyen ordinaire s'endette de dix fois son salaire annuel pour s'acheter une maison, une voiture, une éducation universitaire. Pas de problème, c'est du gros bon sens, ça ne s'achète pas autrement. Mais le gouvernement s'est endetté de dix fois ses revenus annuels pour financer ses programmes publics au fil des ans et ça, eh bien, c'est un non-sens. C'est quasiment pareil, mais ce n'est pas du tout pareil.

Hum... je vais m'essayer avec cet autre problème. Le gouvernement met des dizaines de milliers de ses employés dans la rue, sans emploi. Ça va déprimer l'économie, ébranler la confiance des consommateurs, porter un coup dur à de petites communautés du Nord. Ça serait donc un non-sens, sans aucun doute, cette fois j'en suis presque sûr. Ah, non? Ah, bon. Mettre dix mille personnes à pied, c'est du bon sens? Des milliers de chômeurs de plus, ça va relancer l'économie et augmenter la confiance des milieux financiers? Oh, la, la, je ne comprends pas. Vraiment, le bon sens, ça m'échappe complètement.

Je fais mieux de m'exercer avec les cartes-éclair. Un conseil d'administration de grande entreprise paie une grosse prime de rendement à son président-directeur général qui a augmenté les profits en congédiant la moitié du personnel. Réponse: bon sens! Un conseil scolaire augmente les taxes scolaires au lieu de congédier des enseignants, de fermer des écoles ou d'augmenter le nombre d'élèves par classe. Réponse: Non-sens! Le gouvernement Harris prétend réduire le déficit et réduire nos impôts en même temps. Réponse: Bon sens! Bon sang, je ne l'aurai jamais!

Je commence à comprendre ce qui est le plus

important à comprendre. C'est que je fais mieux de laisser ça à d'autres qui s'y connaissent bien mieux que moi. Même si je ne comprends rien à nos hommes et femmes politiques, il suffit de leur faire confiance. Parce que quand j'y pense, je suis sûr qu'ils ne feraient pas tout ça si ce n'était pas pour notre bien. Ça a du bon sens, non?

Il nous faut notre grosse absurdité constitutionnelle

Le 17 mai 1996. Ragaillardis par le fameux «plan B» fédéral (la stratégie de la ligne dure), des avocats constitutionnalistes multiplient les arguments légalistes contre les revendications constitutionnelles du Québec.

Je ne vous ai pas parlé de la fameuse question nationale ces derniers temps. Malheureusement, je n'ai pas été le seul à jouer à l'autruche. Ça se comprend. Car on dirait que pour nous faire sortir la tête du sable ces temps-ci, il faut des arguments de plus en plus invraisemblables.

L'avocat québécois Guy Bertrand veut faire proclamer par la Cour supérieure qu'un référendum visant à séparer le Québec n'aurait aucune valeur légale. Pourquoi? Parce que ça enlèverait à certains citoyens canadiens des droits protégés par la Constitution. En d'autres mots: un référendum pour changer la Constitution n'est pas possible parce que ça aurait pour effet de changer la Constitution. Voilà une tautologie inattaquable, au service d'une attaque contre la démocratie.

De son côté, le gouvernement du Québec ne donne pas sa place en matière d'absurdités juridiques. Ses avocats répondent que la Constitution canadienne n'existe tout simplement pas. Ah bon? Ah non! Car les textes qui composent la Constitution n'ont pas été adoptés dans les deux langues, comme l'exige la loi constitutionnelle de 1982. Ces lois fondatrices du pays ne sont donc pas légales. Comment se fait-il alors que les souverainistes aient tant de misère à quitter un pays qui n'existe même pas?

On voit bien à quel point les arguments juridiques sont absurdes et inutiles quand le vrai problème est non pas juridique mais politique. Mais Meech et Charlottetown ont prouvé qu'au Canada, l'intelligence politique fait cruellement défaut. Le Canada est prêt à tout sauf à changer. Entre-temps, les avocats s'amusent comme de petits fous.

Entre-temps, nous, Canadiens-Français, gardons un silence anxieux. Ni notre Association canadienne-française de l'Ontario, ni notre Fédération des communautés francophones et acadienne du Canada, ni quelque autre porte-parole subventionné n'osent intervenir avec beaucoup de vigueur dans un débat où nous sommes les premiers menacés. Même dans la période de silence confus qui a suivi le dernier référendum, quand nous aurions peut-être pu nous faire entendre, nous n'avions rien à dire. Ça aurait pourtant été simple: il ne nous manque qu'une ou deux absurdités juridiques bien à nous.

Inspirons-nous de la Constitution canadienne. Celle-ci donne le droit d'accès à l'école française à tout enfant dont un parent a fréquenté dans son enfance une école française. Le fait que le parent et l'enfant ne parlent plus français aujourd'hui n'a pas rapport. Ça amène beaucoup de petits anglais dans les écoles françaises alors que l'école d'immersion leur conviendrait bien mieux. En tout cas, si nous argumentions, suivant le même modèle, que tout enfant de parents ou même de grands-parents nés au Québec a le droit de se considérer membre de la nation québécoise? Même si le Québec ne voulait rien savoir, il ne pourrait pas fermer l'oreille à ce langage du droit des peuples qu'il veut tant faire comprendre aux autres. Si nous devenions, pour les besoins de la cause, non pas un million de francophones hors Québec, mais un million de Québécois hors Québec, ce ne serait pas sans vérité historique. Poussons la logique juste un peu plus et ça donnerait le droit à des centaines de milliers de Franco-Ontariens de voter aux référendums «nationaux» du Québec.

Enfin, disons ça ou autre chose, mais disons quelque chose! Nous, Canadiens-Français, avons tout intérêt à faire notre marque sur la conscience québécoise, surtout celle d'un futur Québec indépendant. Il suffirait de trouver quelque chose de gros et d'absurde. Je suis sûr que nous en sommes aussi capables que les autres.

Machine à traduire pour machine à inférioriser

Le 23 mai 1996. De temps en temps, on tombe sur des traductions bâclées du genre «Made in Turkey, Fabriqué en Dinde». Quand un organisme bilingue du bout des lèvres s'est fié à un logiciel de traduction automatique, ça a donné ceci.

J'ai en main un communiqué de presse du festival de théâtre alternatif Fringe Nord de Sudbury. Je vous en lis un bout. Ce n'est pas pour être méchant envers des personnes qui ont eu la bonne conscience trop facile. C'est plutôt pour montrer au maire Jim Gordon et à ses semblables qu'un organisme qui se prétend bilingue sans l'être vraiment (comme sa municipalité) fait en fin de compte plus de tort que de bien. À preuve, dites-moi quel Canadien-Français n'a pas envie de rire ou de rager en lisant ceci:

> *Maori Théâtre Troupe de New Zealand a causé une sensation. Native Earth Exécutant des arts et le Canada Conseil les amène à cette partie du monde pour leur Tour occidentale d'hémisphère. Les Maori (un gens indigènes de New Zealand) avoir un lien spirituel et terrestre avec la nature comme fait nos Premiers Gens de Nation. Le tissage rusé de ces deux histoires est quelles entrées l'assistance et les tire en les vies des caractères qui vivant prochains à*

Waitapu. Waitapu nous rappelle de ce qu'arrive quand nos systèmes communs de croyance tombent en panne.

En effet!

Faute de temps et de personnel, une pauvre employée de Fringe Nord a diffusé ce texte traduit par ordinateur. D'où je tire deux observations. La première: les logiciels de traduction ne valent pas de la *schnoutte*. La seconde: les organismes bilingues nuisent au français plus qu'ils ne l'aident.

Vous me direz, un festival du cinéma bilingue, un festival d'été bilingue, un centre des sciences bilingue, dans une ville bilingue comme Sudbury, c'est l'idéal. Eh bien, sans même parler de la qualité des traductions, tout dépend surtout de la qualité des excuses pour leur programmation française toujours tellement plus mince. Car inévitablement, la formule bilingue dans les institutions publiques place encore le français en position minoritaire, comme s'il fallait nous faire revivre l'expérience que nous impose le monde de l'industrie et du commerce. Mais le pire, c'est que l'existence de telles institutions bilingues empêche la création d'institutions vraiment françaises, comme le festival de cinéma français de Sudbury qui fut le précurseur éphémère du festival bilingue Cinéfest.

Qu'on veuille l'admettre ou non, un Théâtre du Nouvel-Ontario français donne un visage français à Sudbury, ce qu'un Science North/Science Nord ou une Laurentian University/université Laurentienne ne font tout simplement pas. Or, dans une ville aussi inéluctablement anglaise que Sudbury, c'est bien de la présence française dont vous devez vous inquiéter si vous tenez au bilinguisme. Le bilinguisme n'est pas partout aussi dérisoire qu'à Fringe Nord, mais où qu'il soit, il en garde la même nature. Un organisme qui ne donne pas des moyens égaux au français et à l'anglais n'est pas vraiment bilingue. Tôt ou tard, il va falloir dénoncer et démonter cette machine à inférioriser qu'est le bilinguisme institutionnel, qui fait du français une composante intégrée et dominée plutôt que parallèle et autonome. Sinon, il faudra qu'«on nous rappelle de ce qu'arrive quand nos systèmes communs de croyance tombent en panne».

Quand une inondation se déverse dans un complexe linguistique

Le 29 mai 1996. À Timmins, la rivière Mattagami débordait sous l'effet des crues du printemps. De nombreuses demeures étaient inondées. La nouvelle était assez grosse pour attirer les grands journaux, même du Québec.

Les inondations à Timmins ont mérité que pour une rare fois, le journal *La Presse* de Montréal envoie un journaliste dans le Nord ontarien et y consacre une pleine page. C'est bienvenu. Sauf qu'après avoir donné les faits sur la crue de la rivière, le reportage se dilue dans d'autres eaux. Le journaliste constate qu'il y a des francophones à Timmins et que leurs conversations passent spontanément du français à l'anglais. Il observe que francophones et anglophones s'entraident dans la catastrophe sans trébucher sur leurs langues. Et ainsi de suite jusqu'à la toute dernière phrase de l'article, qui rapporte le cri du cœur d'un sinistré: «Ça, c'est ma propriété, pis j't'assez *proud* de ça. *Oh my God!*»

Bon, un journaliste a perdu le fil de sa nouvelle. Il n'y a pas encore de quoi faire un plat. Mais le rédacteur du gros titre, lui — qui n'est probablement pas le journaliste lui-même — a vu dans cette remarque-là la phrase clef de l'article. Donc quel est le gros titre en gros caractères de cette grosse nouvelle? Eh oui: «C'est ma propriété et j't'assez *proud* de ça», en caractères trop gros et gras pour qu'on puisse les manquer.

C'est vrai que c'est le genre de «franglais» qu'on entend parfois en Ontario. C'est vrai que ça peut laisser une drôle d'impression. Mais comment se peut-il que dans toute cette catastrophe naturelle, c'est ce détail-là qui vole la vedette? Si j'allais faire un reportage sur un des grands festivals touristiques de Montréal et que je l'intitulais, en gros caractères, «Des mendiants dans toutes les rues», même si c'est tristement vrai, n'est-ce pas que j'aurais l'air tendancieux? Voilà pourtant où en sont ces journalistes québécois qui n'ont pas pu parler d'une inondation sans la déverser dans leur complexe linguistique. Et nous revoilà, pour la combientième fois, victimes de cette attitude si agaçante que tant de journalistes québécois avant celui-ci ont manifestée. Quand par un gros hasard ils sont amenés à parler de nous, c'est uniquement pour finir par dire, peu importe le prétexte, que hors le Québec, tout finit par l'assimilation. Même les inondations. Mais jamais n'est-il question pour eux de lever le petit doigt contre ça. Car nous ne sommes pas du bon pays.

Le Québec est bien loin d'imiter ce qui s'est passé en Allemagne, ce pays divisé par le rideau de fer et pourtant resté si solidaire qu'il est réuni aujourd'hui. Pendant la guerre froide, l'Allemagne de l'Ouest a trouvé toutes sortes de façons de commercer avec l'Allemagne de l'Est, de la soutenir économiquement, d'y injecter des fonds, d'entretenir des liens étroits, même si son voisin était en principe un pays souverain et hostile. Une entraide semblable s'est pourtant déjà vue entre Canadiens-Français, à une autre époque. Au tournant du siècle, de vieilles paroisses du Québec faisaient des collectes quand de jeunes paroisses françaises de l'Ontario connaissaient des malheurs. De nos jours, ce ne sont pas des idées pareilles mais des moqueries qui viennent à l'esprit des Québécois, même si c'est en Ontario que se joue en premier «leur» bataille pour la survie du français en Amérique.

Chers cousins Québécois, vous pourriez, si vous vouliez, être indépendantistes et en même temps soutenir vos cousins Canadiens-Français. Vous pourriez être souverainistes sans nous abandonner tout à fait, et surtout sans nous rabaisser à chaque occasion pour soulager votre mauvaise conscience. Mais vous semblez bien loin d'adopter une attitude aussi mûre, confiante et conséquente. C'est pour ça que je vous le dis en grosses lettres majuscules: Oh! mon dieu, je ne suis pas fier de vous.

Saison 1996-1997

Travail
Changement
Police de la langue
Impôts
Médecins
Jos Public
Armes à feu
Météorite
Mouton
Résistance
Heure
Brun
Ignorance
Balai

Le travail, ça se fête?

Le 2 septembre 1996. Je livrais ce billet en ondes un lundi matin de congé de la fête du Travail. Je travaillais? Non, c'était enregistré.

Nous voici donc rendus au dernier congé de l'été, à la veille de la rentrée. C'est la «fête du travail». Voilà une expression curieuse, tellement ces deux mots-là ne peuvent pas s'accorder. Le travail, c'est tout le contraire de la fête: c'est sérieux, c'est exigeant, ça accapare, ça préoccupe, ça use. Et pour comble d'ironie, le chômage, c'est pire. Personne n'échappe à la loi implacable du travail: quand on en manque, ça nous manque, et dès qu'on en a, on en a trop. C'est ainsi que de jour en jour, d'année en année, nous consacrons au travail nos plus belles heures: celles dont nous privons nos proches, celles que nous payons de notre santé, celles que nous n'avons plus pour nos grands rêves de jeunesse. Vraiment, qui a pu penser qu'on puisse vouloir fêter le travail?

Ce qu'on a voulu fêter en fait, c'est le respect dû au travail. Il n'y a pas si longtemps, on nous disait que la journée de travail de douze heures, la semaine de travail de 72 heures, le travail d'enfants de douze ans, c'était normal et nécessaire. Pour en arriver à nos horaires plus légers, il a fallu deux choses: le progrès technologique et le progrès du syndicalisme.

La technologie, elle, a si bien progressé qu'on a besoin de moins de travailleurs et qu'on a donc beaucoup de chômeurs. Pourquoi en cette fin de siècle, le progrès technologique n'entraîne-t-il pas, comme dans la première moitié du siècle, la réduction du travail, de manière à permettre le partage du travail qui reste avec des millions de chômeurs qui ne demanderaient pas mieux?

Quelque part sur Internet, j'ai lu des articles d'économistes sérieux qui soutiennent que le moment est propice pour introduire la semaine de travail de 32 heures. Imposez une taxe sur les heures supplémentaires, disent-ils; mettez tous les professionnels à salaire pour décourager les heures non payées; cessez de payer les congés comme cette fête du Travail, et augmentez les salaires de base de 15%. À la fin de leurs calculs, nous finissons tous avec une paie réduite de 10%. Nos entreprises augmentent leurs frais de 5% mais haussent leur productivité d'autant. Et surtout, un million trois cent mille chômeurs connaissent les joies du travail que l'on fête aujourd'hui. La société se porte mieux; l'économie, elle, comme avant.

Mais la politique lance de nos jours un tout autre défi. Les gouvernements sont endettés, la concurrence internationale nous a rattrapés, donc travaillons plus fort pour moins de dollars, plus longtemps pour moins d'argent (et aux travaux forcés si vous touchez l'aide sociale en Ontario). Laquelle de ces deux visions des choses témoigne d'un plus grand respect du travail?

C'est peut-être dur de fêter le travail. La date choisie pour le faire n'aide pas les choses. En cette fin d'été, en cette veille de la rentrée, l'air du temps est le reflet fidèle des sentiments aigre-doux que le travail nous inspire. En goûtant au plaisir d'un matin de congé, c'est plus tentant de croire que le risque de la semaine de travail de quatre jours vaudrait mieux que tout le risque de la «révolution du bon sens».

Mais le travail, c'est pour demain, non? Ce matin, c'est congé. On relaxe.

Camps de redressement: vous parlez de changement?

Le 10 septembre 1996. En guise de mesure de répression de la criminalité juvénile, le gouvernement Harris a annoncé son intention de créer des centres correctionnels à discipline de type militaire.

Quelle est la chose la plus dure à faire pour un être humain? Naître ou mourir, combattre ou fuir, désespérer ou se dépasser, réussir ou échouer, agir en grand héros ou en petit criminel? Rien n'est facile dans tout ça. Pourtant tout ça peut bien nous arriver un jour sans que nous ayons eu à lever le petit doigt. Non, la chose la moins facile, la plus contraire à la nature humaine, la chose qui n'arrive jamais tout seul, c'est simplement... de changer. Changer sérieusement, là. Changer de personnalité, de croyance profonde, de vision du monde. Changer qui on est.

La preuve de ce que je dis, c'est que lorsqu'un adulte change soudainement de personnalité, c'est un phénomène qui inquiète son entourage. Il faut pour ça quelque chose de puissant: l'influence d'une bizarre de secte religieuse, le choc d'un accident quasi fatal, les ravages d'une maladie mentale. Non, changer une personnalité adulte, ça ne va tellement pas de soi qu'on peut y travailler longtemps sans y avancer tellement, comme vous le dira n'importe quelle personne qui visite son psychologue depuis des années.

Or la nouvelle réponse au problème de la jeunesse

délinquante en Ontario, c'est le camp de redressement d'inspiration militaire. À force de discipline extérieure — substituée à la discipline intérieure qui fait défaut —, on espère amener des jeunes dévoyés à changer. En six mois. Après quoi on les remettra à la rue et on les suivra assez longtemps pour voir qu'après encore six mois, la moitié aura récidivé.

Pensez-y un peu: dans votre jeunesse, pour peu que vous ayez changé, vraiment changé, comment est-ce arrivé? C'était peut-être sous l'influence d'une personne adulte qui vous traitait toujours comme si vous aviez déjà changé et qui vous voyait déjà comme ce que vous alliez devenir. C'était peut-être à force d'avoir si longtemps agi d'une certaine façon que par l'usure ou la frustration, vous avez dit un jour: j'en ai ras le bol, ça suffit. C'était peut-être parce qu'on a tant voulu, justement, vous forcer à être quelqu'un que ça vous a inspiré la révolte et l'envie féroce de devenir quelqu'un d'autre.

Le changement s'explique mal. Mais quand ça arrive, c'est un petit déclic intérieur et intime qui nous appartient. Personne n'aurait pu l'imposer. Il arrive quand on arrive tout au bout de ce qu'on avait à vivre jusque-là. Rien dans ces réflexions n'éclaire les autorités qui veulent assurer le maintien de la loi et de l'ordre, je le reconnais. Mais alors, qu'on reconnaisse aussi qu'une discipline militaire forcée, non choisie, n'a rien pour promettre le déclic du changement.

Le camp de discipline militaire pour jeune contrevenants n'est pas une idée nouvelle. C'est l'école de réforme ou l'école correctionnelle en plus musclé. C'est du pareil au même en plus désespéré. On sait d'avance que ça ne marchera pas fort. Car au fond, cette nouvelle solution trahit cette triste vérité: la vision du problème n'a pas changé. L'idée d'une discipline plus dure ne découle surtout pas d'une intuition de l'intervention capable d'inspirer des jeunes en perdition à se transformer. Le petit déclic du changement que les politiciens voudraient faire vivre aux jeunes contrevenants, ils ne l'ont pas vécu eux-mêmes.

DEUX POLICES DE LA LANGUE TRÈS DIFFÉRENTES

Le 23 septembre 1996. En réclamant davantage d'affichage commercial en français, l'Association canadienne-française de l'Ontario (ACFO) tentait d'attirer sur elle un peu de l'attention médiatique dont profitait alors Howard Galganov d'Alliance Québec, qui contestait la loi québécoise limitant l'affichage commercial en anglais.

Je suis devenu assez vieux pour voir l'histoire se répéter et ça n'a rien de réjouissant. Les plus jeunes que moi n'ont qu'à feuilleter le livre *Bâtir sur le roc*, une histoire de l'ACFO du Grand Sudbury publiée par Prise de parole, pour se faire une mémoire d'emprunt.

En profitant du courant d'air déplacé par Howard Galganov, le militant qui réclame de l'affichage commercial en anglais à Montréal, voici que l'Association canadienne-française de l'Ontario à Sudbury et à Ottawa réclame à son tour des affiches en français. L'occasion est belle, après tout, de mettre l'émoi anglais au service du français. Or, ce n'est pas la première fois que l'ACFO de Sudbury s'y essaie. Elle a déjà fait ce bel effort dans les années soixante-dix. Aujourd'hui, peu de traces en restent. Malgré les trente années de débat constitutionnel qui ont suivi, Sudbury ne s'affiche pas plus en français aujourd'hui. Car en vérité, une affiche commerciale française en Ontario, c'est au mieux une dépense inutile et au pire, un irritant inutile. Pour tout dire, même les commerçants francophones n'affichent pas en français.

On dit qu'il y a deux minorités de langue officielle au Canada. Parfois même, comme ces temps-ci, on prétend que leur cause est la même. C'est ainsi qu'un chroniqueur de la *Montreal Gazette* a pu reprocher aux Franco-Ontariens la timidité de leur version du brouhaha de Galganov. Eh bien, voilà justement la preuve que les deux minorités ont en vérité bien peu en commun à part leur nombre. Le gouvernement du Québec subventionne trois universités unilingues anglaises; le gouvernement de l'Ontario, aucune université unilingue française. Il y a sept collèges anglais au Québec établis depuis longtemps, contre deux collèges tout récents en Ontario. Ne cherchez pas en Ontario l'équivalent des hôpitaux anglophones du Québec, des médias, des services, des commerces anglophones, et ainsi de suite.

Mais la plus grosse différence, la voici. Howard Galganov a pour cible une loi, qu'il juge injuste et oppressive peut-être, mais une loi formelle aux limites claires. Les Canadiens-Français d'Ontario, eux, ont pour cible une loi autrement difficile à contester: la loi des attitudes. En Ontario, les lois couchées sur papier sont de notre bord. La Constitution canadienne garantit l'éducation en français. Or l'Ontario s'en balance sans que personne ne s'en indigne. De même, les services gouvernementaux en français établis en vertu de la loi 8 peuvent rester fictifs sans que personne ne s'en offusque. En Ontario, on n'aura jamais besoin d'une loi officielle pour limiter le français comme on en a une au Québec pour limiter l'anglais. Ici, la loi des attitudes est un frein suffisant. C'est une loi si bien ancrée dans les cœurs et les esprits de la majorité qu'elle se passe bien d'une police de la langue.

En dépit de leur forte population canadienne-française et en dépit de trente ans de discours sur le beau Canada bilingue, Sudbury, Timmins ou Kapuskasing demeurent des villes anglaises qui n'ont jamais voulu montrer leur visage français. On peut décrire la mentalité ontarienne de bien des manières, mais jamais on ne pourra dire qu'elle aime les «visage à deux faces». Pour avoir deux faces, pour jouer le majoritaire minoritaire, il faut un Anglo-Montréalais comme Howard Galganov. Et pour ne pas perdre la face, l'ACFO s'en tiendra à des demandes timides et vite oubliées.

Hausse d'impôt, non. Hausse des prix, oui.

Le 4 novembre 1996. Un câblodistributeur canadien avait défrayé la chronique en tentant d'obliger ses abonnés à l'aviser de leur refus d'une augmentation du nombre de chaînes offertes ainsi que des frais rattachés, sans quoi ils y consentaient. Face à la grogne, il a abandonné cette stratégie. Mais voici qu'il annonçait une hausse générale des frais sans hausse des services.

Pas une journée ne passe sans qu'à la radio, à la télévision et dans les journaux, on ne répète qu'il faut faucher des services publics, des emplois de fonctionnaires, des agences gouvernementales au grand complet. Telle est la volonté de l'électorat, qui fuit l'État providence pour se jeter dans le giron de l'entreprise privée. Telle est la politique des gouvernements qui se disent fiers d'épouser les intérêts des grandes corporations et des petits entrepreneurs (comme si c'était du pareil au même). Telle est surtout la mise en œuvre de la grande règle d'or des temps qui courent: surtout pas de hausse d'impôt.

Voilà ce que j'entends le jour. Et le soir, je rentre chez moi et j'ouvre ma boîte postale pour en extraire, coup sur coup, deux avis m'annonçant que des services privés haussent allègrement leurs factures. Vlan! Un câblodistributeur me demande cinq pour cent de plus, avant même de me donner le temps d'oublier sa fameuse manœuvre de l'an dernier:

«l'abonnement par défaut», où il fallait dire non, sans quoi on avait dit oui. (On ferait un beau référendum avec ça!) Et vlan! Une compagnie d'assurances me demande, elle, quinze pour cent de plus, pour continuer de protéger ma maison contre tout risque ou péril qui pourrait venir me la prendre, sauf les banquiers, bien entendu.

Dans les deux cas, aucune consultation ni justification. Dans les deux cas, les secteurs économiques semblent stables et rentables. Ces entreprises et tant d'autres comme elles n'hésitent pas à hausser leurs factures pour maintenir leurs services, tout en pestant contre un gouvernement qui oserait en faire autant. Eh bien, devant ça, je me sens d'humeur à me passer de la télévision, tant je supporte mal qu'on veuille m'offrir de nouveaux canaux alors qu'on ferme des lits d'hôpitaux. Je suis d'humeur à fuir la banque qui me chante que «le monde et les temps changent» sur un air contestataire des années soixante, pour me vendre l'angoisse et les fonds mutuels des années quatre-vingt-dix. Je suis d'humeur à éviter d'appuyer les entreprises qui étoffent leurs profits records à coups de mises à pied records. Mes humeurs ne sont pas bonnes pour le commerce!

La reprise tant attendue de la confiance des consommateurs se trouve peut-être là, justement: perdue dans l'air du temps qui — dans mes narines du moins — n'embaume pas l'entreprise privée. Il faudra beaucoup plus que de belles campagnes de relations publiques pour que je sois content quand je paie ces services comptant. Je suis plutôt d'humeur à m'intéresser au parti politique qui ferait une plate-forme du fait que les corporations canadiennes, parmi elles mon assureur et mon câblodistributeur, font tout ensemble des profits de 15 milliards de dollars par an qui ne sont pas taxés du tout.

Aujourd'hui, à la radio et à la télévision, je vais peut-être réentendre nos premiers ministres gentiment encourager les grandes entreprises à faire leur part pour créer des emplois, vu le boum à la bourse, les profits records et les difficultés du gouvernement. Le grand monde des affaires va s'en ficher, bien sûr. Et ce soir, si j'ai de la chance, dans ma boîte postale, je trouverai rien sauf des publicités de grandes entreprises qui veulent gentiment m'inciter à acheter ce qu'ils vendent. Je vais m'en ficher, bien sûr. Je les jetterai sans même les regarder. De ce petit geste, je tirerai une grande satisfaction.

Pour nous guérir du manque de médecins

Le 15 novembre 1996. Le manque de médecins dans l'ensemble de l'Ontario se traduit par une grave pénurie dans le Nord de l'Ontario. À l'époque, comme aujourd'hui, des communautés sous-desservies publiaient des données sur le nombre et le genre de médecins dont elles avaient besoin. Un début de réponse au problème viendrait seulement cinq ans plus tard, avec l'annonce en mai 2001 de la création d'une école de médecine dans le Nord.

Comme les maringouins en été et la neige en hiver, les villes grandes et petites du Nord ontarien ont toutes un autre agacement en commun: elles ne peuvent pas recruter et retenir assez de médecins. Le problème est devenu criant, mais ça fait des décennies qu'il dure. Nulle part dans le Nord n'y a-t-on trouvé réponse. Ce n'est pas faute d'avoir essayé. De petites villes ont déroulé des tapis rouges d'une longueur impressionnante. À des recrues potentielles, on a offert une grande maison neuve, un bureau sans loyer, une prime de déménagement et quoi encore, sans grand succès.

Car au dire des médecins, ces belles carottes ne changent rien aux raisons de leur manque d'appétit pour le Nord. Leur explication tourne autour de quatre pots. Un: Le surmenage, dû à l'absence de collègues avec qui partager la clientèle. Deux: L'isolement professionnel, dû à l'absence de collègues spécialistes. Trois: Le manque à gagner financier, dû à l'absence de collègues avec qui partager des tâches peu payantes comme le service à l'urgence.

J'y arriverai, au quatrième pot, mais ici je m'arrête, le temps d'apprécier l'évidence lumineuse qui émane des trois premiers: le Nord n'attire pas de médecins parce qu'il n'y a pas assez de médecins dans le Nord! Voilà le cercle vicieux qui nous étourdit et que les autorités politiques et médicales laissent tourner depuis si longtemps. On est bien loin de la saucisse plus fraîche parce que plus de gens en mangent!

Avec la logique ironique propre à son *credo* idéologique, le gouvernement menace maintenant d'user du prétexte du redressement des finances publiques pour enfin obliger les médecins à s'installer dans le Nord. C'est comme s'il disait: puisqu'on ne veut plus vous payer, on a maintenant le droit de vous forcer. Cette menace ne sera jamais exécutée, car elle ferait certainement déménager les médecins... le plus loin possible de l'Ontario. On serait tenté de croire que si seulement la province pouvait dépenser, elle pourrait recruter. Mais pendant les années où elle aurait peut-être pu se payer une solution achetée, elle n'a jamais payé les médecins plus cher pour qu'ils viennent dans le Nord. Ça montre, il me semble, que le manque de médecins a peu à voir, au fond, avec la lutte au déficit. On dirait plutôt qu'on a affaire à une attitude de laisser-aller qui se nourrit d'elle-même, comme une névrose ou un préjugé. On a affaire à une pensée erronée assez puissante pour fausser la réalité. C'est la croyance selon laquelle le Nord n'est pas le Sud. Donc le Nord doit accepter ce qu'on n'aurait jamais toléré dans le Sud.

Voilà justement le contenu du quatrième pot de tout à l'heure, que je n'avais pas vidé. C'est celui où les médecins nous expliquent que leurs jeunes familles ne veulent pas vivre dans le Nord parce qu'elles ne veulent pas renoncer aux avantages culturels, éducatifs et sociaux des grandes villes du Sud. Ça revient à dire qu'on n'attire pas de médecins dans le Nord parce que c'est le Nord. C'est humiliant pour nous. Mais que vous voulez-vous, nous ne sommes pas entièrement responsables de ce que les autres peuvent penser de nous. Tout ça veut dire que les villes du Nord n'ont qu'un seul espoir dérisoire: attirer des héros intéressés par le sacrifice de soi dans des conditions professionnelles difficiles.

Puisque le gouvernement se prétend trop pauvre pour acheter l'héroïsme, il ne lui reste plus qu'une option (à part le laisser-faire qui n'est plus une option). Des lois nouvelles devront s'attaquer aux vieilles mentalités qui apportent l'appui subjectif au problème objectif. Des lois ont déjà exigé, par exemple, l'équité salariale pour les femmes. Des lois ont exigé l'embauche active pour les minorités raciales. Dans un avenir où, à cause d'une loi du même genre, un nombre suffisant de médecins seraient venus dans le Nord malgré les problèmes du Nord, il y aurait bien moins de malheur à être médecin dans le Nord. On aurait rempli trois pots en vidant le quatrième.

Il y a donc deux chemins qui mènent hors du cercle vicieux: la voie de la justice imposée par le gouvernement ou la voie du devoir assumé par le corps médical. C'est le choix qui se pose en cette heure où il s'impose. Car le laissez-faire a trop longtemps duré. Le Nord ontarien a trop longtemps payé de sa santé et des angoisses de ses malades. Il faut que la crise actuelle soit celle qui rompe enfin le cercle vicieux.

Jos Public, policier de la loi 8

Le 22 novembre 1996. La veille, les nouvelles rappelaient le dixième anniversaire de la loi ontarienne sur les services en français, communément appelée la loi 8. Celle-ci oblige la province à offrir des services d'éducation, de justice et de santé en français, dans les districts où cinq pour cent de la population est francophone.

C'était cette semaine le dixième anniversaire d'une loi qui est censée forcer des fonctionnaires ontariens à parler français: la loi 8 sur les services en français. Le député de Cochrane-Sud, Gilles Bisson, a invité l'assemblée législative à souligner ça. Elle n'a pas voulu. Ce n'est pas étonnant. Ce n'est pas étonnant non plus qu'un député conservateur, Joe Spina de Brampton, lui ait bêtement crié: *Speak English*. Ça, c'est le décorum parlementaire. C'est par après que l'incident devient amusant.

Interrogé par les journalistes, Joe Spina a dit ignorer l'existence même de la loi 8. C'est un prodige! Le député de Brampton est originaire, à ce qu'on a dit, de Sault-Sainte-Marie, haut-lieu de la protestation contre le *shoving French down our throats*. Pourtant, il ne sait pas que la loi 8 existe. Depuis des années, le COR, l'APEC[1] et le *Reform Party* ameutent

[1] Le *Confederation of Regions* (COR) et l'*Alliance for the Preservation of English in Canada* (APEC) sont bien connus pour leur opposition à toute mesure visant à améliorer le français au Canada.

l'opinion publique contre les services en français et Joe Spina ne sait pas que la loi 8 existe! Une trentaine de municipalités se sont déclarées unilingues anglaises pour contester une loi qui ne les touche même pas et ce député conservateur ne sait pas que la loi 8 existe. Lors du référendum, des dizaines de milliers de Canadiens se sont rués sur Montréal pour aimer le Canada beau et bilingue et ce député conservateur ne sait toujours pas que *My Canada includes Ontario*. De cette ignorance, nous pouvons faire notre réjouissance. Car si les Ontariens ne savent pas que les services en français existent chez eux, ils ne pourront pas les enlever! Le problème, malheureusement, c'est que tout le monde ignore cette loi, surtout ceux qui sont tenus de la respecter.

Le dixième anniversaire de la loi 8 est aussi celui des fameuses publicités qui nous encouragent, nous le public, à jouer les tordeurs de bras. Nous devons réclamer les services en français, surtout ceux qu'on nous refuse, sinon notre passivité prouvera qu'ils ne sont pas nécessaires. C'est à ça qu'on voit que cette loi est un tigre de papier. Dans une entreprise sérieuse, le contrôle de la qualité est l'affaire des gestionnaires, non des clients. En revanche, dans une agence soumise à la loi 8, on peut l'ignorer impunément, parce que c'est Jos Public qui est censé jouer le policier de la langue. Eh bien, j'ai beau tenir très fort au français, je n'ai pas toujours le temps ou le cran de forcer un vieux singe à faire de nouvelles grimaces. Je l'ai encore moins dans la salle d'urgence d'un hôpital «désigné selon la loi 8» où je patiente en douleur depuis six heures.

L'irrespect de la loi 8 n'entraîne aucune punition et ça paraît. L'Office des Affaires francophones surveille bien le terrain un peu, dans la mesure de ses maigres moyens. Mais il compte surtout sur les plaintes de citoyens insatisfaits. C'est de l'effort du public que dépend le maintien du droit. C'est comme si on disait aux automobilistes: «Allez, faites un effort, respectez la limite de vitesse, sinon il n'y en aura plus de limites.» Aux contribuables, on dirait «Allez, payez vos impôts comme la loi l'exige, sinon il n'y en aura plus d'impôts.»

Pareilles lois sans sanctions seraient le comble du ridicule pour le commun des mortels et le comble de la joie des criminels. Pourquoi seraient-elles moins ridicules pour les organismes tenus d'offrir des services en français? En fin de compte, je m'indigne moins devant un Joe Spina qui ignore l'existence de la loi 8 que devant des gestionnaires qui négligent les devoirs que la loi leur impose. Mais je les comprends; cette loi n'a rien d'effrayant. Quand la raison d'être d'un organisme dépend de ses succès à combler le mandat qu'on lui a confié, cet organisme offre activement ses services et en fait la promotion vigoureuse. Cela ne décrit aucune agence où les services en français ne sont que de la tapisserie trompe-l'œil à motifs en forme de huit.

Ce qu'il aurait fallu, en Ontario français, ce sont des lois pour créer, dans des domaines moins nombreux mais bien ciblés, de vraies institutions françaises. Ce qu'on a eu, ce sont des institutions au bilinguisme récalcitrant que le client francise de force. Ce qu'il aurait fallu, ce sont des espaces vitaux où le français a vraiment droit de cité. Ce qu'on a eu, c'est une loi qui prétend imposer un peu de français un peu partout à des fonctionnaires qui ont tout fait quand ils ont juste fait semblant. Trouvez l'erreur, tout en chantant en cette semaine d'anniversaire: «Pauvre loi 8, c'est à ton tour de te laisser parler d'amour.»

Enregistrez votre opposition à la violence

Le 6 décembre 1996. Cette date n'arrive jamais sans que les médias rappellent la tuerie de 1989 à l'École Polytechnique de Montréal. Le tireur fou Marc Lépine, qui s'estimait victime d'un préjugé favorable envers les femmes, a abattu 14 étudiantes et en a blessé 13 avant de tourner son arme contre lui-même. À l'anniversaire de cette tragédie en 1996, on annonçait qu'un projet en gestation se concrétisait: le registre national des armes à feu.

Avec un sens du *timing* qui sent l'opportunisme en cette semaine de triste anniversaire de la tuerie à l'École Polytechnique, le ministre fédéral de la Justice, Allan Rock, a annoncé la réglementation qui vient préciser la Loi sur l'enregistrement des armes à feu. Chasseurs et chasseresses du Nord, vous allez *bougonner*. C'est maintenant décidé: il vous faudra bel et bien enregistrer les carabines que vous gardez au sous-sol.

Eh oui, c'est une tracasserie bureaucratique de plus à une époque où l'on prétend vouloir diminuer la taille du gouvernement. Eh oui, c'est une dissuasion dérisoire par comparaison avec la folie criminelle qu'elle est censée prévenir. Eh oui, c'est insultant d'être considéré comme un Marc Lépine en puissance à dépister avant qu'il ne se déchaîne, juste parce que vous avez chez vous une douze pour la perdrix et une vieille trente-trente pour l'orignal.

Oui, c'est assez dur de croire, comme on vous le demande, que le fait d'enregistrer une arme à feu va mieux empêcher les morts violentes, lorsqu'on sait bien que le fait d'enregistrer une voiture n'empêche pas les morts sur la route ou que d'enregistrer la naissance d'un bébé ne l'empêche pas de devenir un criminel plus tard. Vous devrez ne pas penser au fait que les armes à feu ont servi à moins de dix pour cent des meurtres au Canada et qu'on n'a pourtant pas créé de registre pour les poignards, les haches et les bâtons de base-ball. Vous devrez ne pas penser que les armes à feu illégales utilisées pour commettre des meurtres n'étaient généralement pas enregistrées alors que la loi l'exigeait déjà. Bref, tout le monde sait bien que ce ridicule registre n'aidera en rien à prévenir les horribles tragédies du passé. S'il avait existé à l'époque, il n'aurait nullement nui à l'assassin de l'École Polytechnique ou à celui de Vernon en Colombie-Britannique[1].

Oui, je le reconnais avec vous, le registre des armes à feu, c'est tout ça. Mais ce n'est pas que ça. L'action que le ministre fédéral de la Justice vient de prendre n'est pas dictée par la logique, ni appuyée par la statistique, ni guidée par le sens pratique. Pour la comprendre, il faut la voir pour ce qu'elle est: un effort de réconfort moral contre notre impuissance à prévenir la violence criminelle.

L'argent qu'on dépense sur le registre aurait eu plus d'effet contre le crime si on l'avait dépensé n'importe où ailleurs dans les structures existantes. On aurait pu mieux aider les services aux femmes victimes de violence à sensibiliser les victimes de

---

[1] Le 5 avril 1996, à Vernon, en Colombie-Britannique, Rajwar Ghakal et huit membres de sa famille étaient tués par Mark Gakhal, le mari dont elle s'était séparée récemment.

demain, qui trop souvent voient leur sort venir sans pouvoir le fuir. On aurait pu embaucher plus d'agents de probation, qui ont tous tellement de dossiers qu'ils n'en suivent pratiquement aucun. Mais ce seraient là des mesures pratiques, des réactions logiques. Et face à des massacres surgis d'une folie criminelle, il n'y a aucune logique qui vaille.

En somme, le registre des armes à feu est une mesure un peu folle en réponse aux actes très fous qui l'ont inspiré. Comme les prières, les défilés dans les rues et les petits rubans à la boutonnière, ce registre existe pour exprimer le désir impuissant de vivre un jour dans un monde sans violence. Jetez donc cette noble pensée parmi vos *bougonnements*, chasseurs et chasseresses du Nord, quand vous irez enregistrer vos armes à feu. Comme ça, votre sens civique paraîtra plus admirable que le faible sens pratique et le facile racolage politique du ministre de la Justice.

La politique est un ciel noir

Le 20 janvier 1997. Les Ontariens ont vu passer dans le ciel de nuit un gros météorite, assez gros pour qu'au lendemain, ils le revoient passer aux nouvelles. C'était après l'annonce que la province impartissait d'importantes responsabilités comme le logement social, l'assistance sociale et les services sociaux aux municipalités.

Dans les temps bibliques, une grosse étoile qui traversait la nuit, c'était le signe annonciateur d'un événement de grande importance. Vendredi aux petites heures du matin, bien des Ontariens ont vu passer un gros météorite, une étoile filante qui a dû tomber du ciel non pas en guise d'annonce, mais en grand point d'exclamation à la fin d'une semaine de grands bouleversements.

Cette semaine, Mike Harris nous a annoncé que d'énormes responsabilités passeront des mains de la province à celles des municipalités et vice versa, comme des cartes à jouer qu'il brasse en se gardant la main gagnante. De profondes réformes ont été imposées sans consultation et sans trop prévoir les effets qu'elles auront. Telle est depuis deux ans la manière de faire de ce gouvernement. Le pire est qu'on s'y habitue. Ceux à qui ce gouvernement fait craindre le pire voudraient bien résister, se rallier et forcer la politique à affirmer la primauté de l'humanité sur la comptabilité. Mais curieusement, toutes les critiques sonnent creux. La politique de nos jours n'offre aucune autre vision du monde, encore moins de grande stratégie pour disputer au conservatisme son emprise sur l'avenir.

Chez les syndicats, on ne s'entend même pas sur la manière de manifester, laissez faire le sauvetage de la société. Chez les agences qu'on bouscule et les municipalités qu'on accule à des hausses de taxes ou à des pertes de services, personne ne parle de résistance, de désobéissance ou de démission. Chez les partis d'opposition, aucune «étoile» montante: on se rappelle à peine le nom de leurs chefs et encore moins ce qu'ils disent. Car ce qu'ils disent ne fait pas une grande différence. Aucun d'eux n'a promis de défaire, s'il est élu, les choses que fait maintenant le parti au pouvoir. Jean Chrétien, lui, ne s'était pourtant pas gêné pour promettre d'abolir la TPS de son prédécesseur, puis pour s'excuser par après aux naïfs qui l'avaient cru. Le gouvernement Harris ne se gêne pas non plus pour défaire les lois et les consensus forgés par ceux qui l'ont précédé. Pourtant, l'opposition ne menace pas de lui rendre la pareille, même pas en promesse électorale mensongère. Car tout le monde semble avoir lu dans le ciel un seul avenir inéluctable.

Ainsi vont les conservateurs, seuls dans la nuit politique, sans opposition idéologique, sans l'agacement du compromis. Ils ont la rare liberté d'avancer en ligne droite, liberté que la droite, elle, n'a jamais accordée à la gauche. Ils gouvernent au service du capital, comme on rêverait de voir servir un jour la conscience sociale. En cette époque où l'absence de compassion et l'obéissance aveugle aux règles de la haute finance résument tout l'art de gouverner, bien des yeux ahuris cherchent dans le ciel une étoile à laquelle se vouer. Qui sait, c'était peut-être celle qui s'est décrochée vendredi et qui est tombée avant même qu'on ait eu le temps de comprendre ce qu'elle voulait dire. Où donc sont les Rois mages, quand on en a besoin?

Alliance Québec : ce mouton n'a pas vu le loup

Le 7 février 1997. Les médias canadiens faisaient une belle place au lobbying d'Alliance Québec, organisme porte-parole des revendications des anglophones du Québec. Mais l'idée ne venait à personne de comparer leur condition à celle des francophones de l'Ontario.

Le groupe de pression anglophone Alliance Québec réussit encore ces temps-ci à ameuter l'opinion publique canadienne. Comme toujours, ces cris au loup résonnent avec ironie dans nos oreilles franco-ontariennes, tant nous savons que le péril est pire chez nous. Nous nous comparons si mal aux Anglo-Québécois à tant d'égards — écoles, hôpitaux, grands journaux, universités, services et droits acquis de tout genre — qu'il n'est pas surprenant que leur lobby aussi soit meilleur que le nôtre.

En comparant nos porte-parole aux leurs, on a l'impression de ne voir chez les nôtres que timidité, modération, bon-ententisme et à-plat-ventrisme. Des générations de chefs de file franco-ontariens se sont succédé sans jamais qu'on en ait vu un ayant la gueule d'un Howard Galganov, le mordant d'un Mordecai Richler ou l'aplomb d'un Michael Hamelin. Mais ayant dit tout ça, encore faudrait-il dire qu'en Ontario français, comme au Québec anglais, une attitude plus coriace serait plus efficace. Là-dessus, j'avoue que je doute. Car la différence qui compte n'est pas dans les gorges chaudes des porte-parole, mais dans les têtes chaudes des sympathisants qui les écoutent.

Les mêmes médias qui font la place si belle à Alliance Québec l'ont faite aussi, il n'y a pas si longtemps, aux campagnes mensongères de l'*Alliance for the Preservation of English in Canada* et du parti *Confederation of Regions*. À cette époque, j'ai voulu corriger certaines des faussetés les plus choquantes que je lisais dans le courrier à l'éditeur du *Sudbury Star* et du *Northern Life*. Or, mes répliques publiées dans ces mêmes pages ont eu pour effet d'inspirer des ripostes encore plus nombreuses, plus mensongères et plus bêtes. Un soir, j'ai eu le malheur d'en lire une avant mon repas. Je n'ai pas pu manger de la soirée. Telles sont les émotions qui viennent d'une telle discussion. J'ai vite compris dans quelle fosse puante je plongeais en portant ma cause sur la place publique. Quand j'ai écrit ma dernière lettre à ces journaux, c'était seulement pour annuler mon abonnement. Il faudrait que tous les Franco-Ontariens veuillent vivre ça? Ils gagneraient vraiment à attaquer la bêtise de front?

Il existe sans aucun doute, ce fond d'intolérance qui nourrit la fameuse menace de ressac, de *backlash*, par laquelle les gouvernements ontariens successifs ont toujours justifié leur inaction et leurs injustices. Il n'y a pas si longtemps, un certain colonel Jock Andrews a rempli le Grand Théâtre de Sudbury pour dire devant mille personnes qui l'applaudissaient que si le sang devait couler dans les rues à cause du français au Canada, ce serait le sang des autres, pas le sien. La majorité silencieuse canadienne, elle, est plus pacifique. Elle trouve seulement que le français coûte cher, qu'il est inutile étant donné que tous les francophones parlent aussi anglais, et que s'il faut le subir en Ontario, c'est juste pour faire des *accroires* au Québec. Qui sait vraiment combien de tout ça s'exprime dans l'œil ferme et le ton froid de l'employé d'une agence désignée par la loi 8 sur les services en français qui vous répond: *Sorry, I don't speak French.* Nous traitons nos porte-parole de poltrons? Nous traitons les Franco-Ontariens de moutons? Eh bien, on a raison. Car ces moutons-là ont vu le loup.

Le paradoxe d'une minorité, c'est que son bien-être repose sur des principes politiques et que la politique est le règne de la majorité. C'est sur un tout autre principe de pouvoir qu'il faudrait se fonder pour donner à l'Ontario français une voix publique plus saine que la désinformation de l'APEC et plus forte que le bon-ententisme de l'ACFO. Que nos universitaires ou nos artistes se chargent enfin de le trouver. Quand on aura trouvé notre voix à faire entendre la justice, elle n'aura pas le ton de celle d'Alliance Québec. À l'entendre dénoncer si fort de si faibles torts, je suis sûr que Howard Galganov n'aurait pas fait vieux os s'il avait été Franco-Ontarien. Il aurait fait une extinction de voix suivie d'une dépression.

Il y a des indignations qui ne se disent qu'en anglais et des injustices qui ne se dénoncent qu'entre anglophones. Ça ne nous sert à rien d'envier les belles grosses vagues de sympathie que fait le lobbying d'Alliance Québec. Jamais nous ne pourrions rêver en faire de si belles. Au fait, ça se dirait comment, ACFO, en anglais?

La résistance n'a pas le cœur à la fête

Le 24 mars 1997. C'était un lundi. La fin de semaine précédente était celle où se tenait un grand ralliement anti-Harris à Sudbury. De telles manifestations avaient lieu à tour de rôle dans plusieurs grandes villes ontariennes. À Sudbury, on n'a pas assisté à une mobilisation en masse des travailleurs syndiqués. Tout au plus, 3000 personnes ont fait acte de présence à l'aréna de Sudbury pour une «fête de la résistance».

Les manifestations contre le gouvernement Harris en fin de semaine à Sudbury ont fait couler beaucoup d'encre et crier beaucoup de slogans. Or, la plupart des syndicats, qui n'approuvent pourtant pas Mike Harris, n'ont pas voulu pour autant endosser les manifestations contre Mike Harris. Leur prétexte, c'était que tout ce branle-bas ne vaut pas une bonne campagne d'éducation populaire. Ils n'ont pas prôné non plus l'arrêt de travail, sous prétexte qu'il fallait viser les conservateurs plutôt que les employeurs. Beaucoup de personnes touchées par les compressions et qui auraient pu manifester sont restées sagement assises chez elles. En somme, on a excusé un peu partout et de bien des manières une même impression de fond: les manifestations, même grosses et nombreuses, ne vont pas changer grand-chose. On le sait d'avance, ce gouvernement-là ne se laissera pas ébranler par si peu. Surtout, on ne fera pas faire un si grand virage à notre société avec si peu.

Il y a vingt ans, peu de gens auraient prédit que nos gouvernements prendraient le chemin qu'ils ont pris. Les conservateurs et la droite partout au monde ont pourtant trouvé la manière de soulever la puissante vague de fond qui les a portés au pouvoir. Et justement, les manifestations n'ont eu rien à voir avec leur ascension. Nulle part n'a-t-on vu un fleuve de protestataires droitistes déferler entre les rives des grands boulevards pour scander des slogans contre les impôts trop hauts et le déficit qui grimpe trop, contre les assistés sociaux qui font la belle vie sur le dos des gens honnêtes, contre la grosse bureaucratie qui complique tout et qui n'est efficace en rien, contre les droits donnés aux minorités au prix des privilèges de la majorité. Ils n'ont pas piaffé, mais ils ont quand même bien galopé, tous ces chevaux de bataille qu'enfourchent les chevaliers de la droite et leurs électeurs bien domptés.

Non, pareil pouvoir ne se trouve pas dans les rues, ni même dans les parlements. Il ne repose pas sur les principes, ni les bons sentiments. En notre fin de siècle, le pouvoir de changer notre monde et de façonner nos attitudes loge dans les gratte-ciel des corporations transnationales. C'est le pouvoir de nous donner un petit gagne-pain contre de gros profits. C'est le pouvoir de nous enlever le pain de la bouche pour en farcir leurs livres comptables. C'est le pouvoir de mettre les petits commerces au défi de les concurrencer avant de n'en faire qu'une bouchée. Quand ces intérêts sont si puissants que le gros gouvernement même s'y incline, on ne s'étonne pas de voir le père de famille, électeur isolé, en faire autant dans l'isoloir.

Dans la liste des cent plus grandes économies du

monde, il y a 49 pays et 51 corporations. À elle seule, la compagnie Wal-Mart est plus grosse que 161 pays du monde. Au Canada, depuis trois ans, les profits des plus grandes corporations ont augmenté de 95% et leurs salaires moyens de 8%. Au Canada, dans la liste des compagnies les plus rentables, on en trouve cinq — Ford, General Motors, Alcan, Imasco et Hydro Ontario — qui ont éliminé le plus d'emplois tout en créant le plus de richesse. Tout ça dans un nouvel ordre mondial où nos emplois sont donnés à des ordinateurs, à des machines plus performantes ou à des travailleurs du Tiers-Monde touchant des salaires dérisoires.

Voilà le genre d'éducation populaire qu'on peut se donner en lisant, par exemple, cette troublante petite publication appelée *The Monitor* du Centre canadien de politiques alternatives. Voilà peut-être le genre de chose qu'on espère voir les syndiqués apprendre, pour qu'ils y pensent un peu avant de manifester contre leur gouvernement au lieu de viser leurs gros employeurs. Mais quand tout le monde se serait ainsi éduqué, qu'est-ce qu'on se dira alors pour continuer de croire qu'on aurait l'air plus ridicule dans la rue à manifester que dans la rue à chômer?

L'heure retardée, géniale idée

Le 7 avril 1997. C'était un lundi. Dans la nuit de samedi à dimanche, nous étions passés de l'heure normale de l'Est à l'heure avancée de l'Est. J'avais perdu une heure de sommeil. Mes facultés mentales s'en sont ressenties...

Êtes-vous bien avancé ce matin? Ou vous sentez-vous encore normal?

Dans la nuit de samedi, l'heure a fait un bond en avant et c'est moins bon qu'avant. L'heure avancée nous a volé une heure de sommeil. Deux jours plus tard, on s'en ressent encore. Ce n'est pas une affaire à prendre à la légère. Les études indiquent que les accidents routiers sont plus nombreux dans la semaine après la nuit où l'heure avance.

Ça va tellement mieux à l'automne, où nous reculons l'heure. Confort en octobre, misère en avril, par respect des lois et des coutumes. Puisque c'est possible de tripoter l'heure comme ça pour le bien de tous, pourquoi ne pas en profiter vraiment? Pourquoi n'avons-nous pas reculé l'heure cette fin de semaine et mieux encore, tous les soirs de la semaine? Imaginez ça: chaque nuit, une heure de sommeil de plus! Chaque jour, une heure d'avance sur tout ce que vous avez à faire!

Comme c'est là, avec notre heure avancée de l'Est, si vous vous êtes levé ce matin à sept heures, c'était en réalité sous le ciel sombre de six heures.

Mais si on avait adopté mon «heure retardée de l'Est», regardez ce qui se serait passé. Commençons-la un dimanche. Lundi, donc, votre réveil à sept heures aurait lieu sous le ciel clair de huit heures. Et ainsi de suite: réveil mardi sous le ciel de neuf heures, mercredi sous le ciel dix heures, jeudi sous le ciel de onze heures. Et vendredi on se lèverait sous le ciel de midi, comme après une belle grasse matinée.

Quant au coucher, mettons, à vingt-trois heures, vous iriez faire dodo lundi soir sous la lune de minuit, mardi sous la lune d'une heure, mercredi sous la lune de deux heures, jeudi sous la lune de trois heures. Et vendredi on irait se coucher (à vingt-trois heures toujours) sous la lune de quatre heures du matin, comme après une bonne nuit de fête.

On pourrait — si vous insistiez — reculer l'heure les fins de semaine, deux heures et demi le samedi, et pareillement le dimanche, pour retrouver l'heure normale au lundi. Mais pourquoi faire ça? Mon projet d'heure «retardée» nous harmoniserait non avec le soleil, mais avec le rythme tellement plus civilisé de la journée de vingt-cinq heures. Celle-ci serait, selon certains scientifiques, la vraie durée de la journée de nos horloges biologiques.

Vous riez de mon idée? On a dû rire aussi de Sir Sanford Fleming qui inventait l'heure normale et les fuseaux horaires, à l'époque où deux villes voisines n'avaient pas la même heure solaire. L'heure avancée, c'est une reconnaissance officielle du fait que le bon temps n'est pas toujours celui que la nature et la culture imposent.

D'ailleurs, notre société est pleine d'autres paradoxes porteurs de malheur que nous ne résoudrons jamais sans oser nous attaquer à nos vieilles catégories mentales. Par exemple, comment se peut-il que le régime de pensions catégorie publique craint pour son avenir à long terme, tandis que les régimes d'épargne-retraite catégorie privée ont peine à investir tout ce qu'on y cotise? Comment se peut-il qu'un même pays ait, d'un côté, tant de citoyens catégorie chômeurs, et de l'autre, de plus en plus de citoyens catégorie travailleurs pris pour faire des heures supplémentaires? Quand on aura compris l'heure *retardée*, on pourra peut-être comprendre la semaine raccourcie, c'est-à-dire la semaine de quatre jours et le partage du travail.

Nous avons la révolution du bon sens. À quand la révolution de la pensée avancée? Un beau jour, ce sera son heure. Maintenant excusez-moi, il faut que j'aille piquer un somme.

LE LIVRE BRUN DE LA POLITIQUE

Le 2 mai 1997. On était en campagne électorale fédérale. Le Parti réformiste faisait des progrès en promettant de réduire les impôts. De son côté, le Parti libéral promettait de consacrer juste la moitié des surplus budgétaires prévus aux programmes sociaux, alors que ceux-ci venaient de traverser une décennie de compressions. Le reste du surplus irait à réduire la dette accumulée. Les libéraux promettaient aussi d'imposer des conditions à la formulation d'une éventuelle question référendaire au Québec. Ces deux grandes priorités et de nombreuses autres promesses étaient présentées dans un petit volume appelé «Le livre rouge».

Mesdames et messieurs, voici mon plan pour redresser notre pays un peu crochu. Voici ma plate-forme modérée, réaliste et sensée, pour avancer les yeux plissés et à petits pas craintifs vers un avenir un peu meilleur. Voici mon discours politique prudent et mesuré (l'expérience ayant montré que c'est avec ce vinaigre fadasse qu'on attire les mouches électrices). Bien que sans parti ni partisans, je vous dévoile quand même mon «Livre brun».

En fait, je n'en révèle que les grands principes. Car j'avoue que je ne coucherai pas mes promesses sur papier, afin qu'elles soient plus faciles à oublier, le temps venu. Je fais de la politique après tout! Mon «Livre brun» est donc bien de son temps; c'est un livre virtuel. Mais si je le rédigeais, il serait comme tous les autres. Sans projets révolutionnaires. Sans vision d'idéal faisant appel au sens moral. Sans présupposé autre que celui qui vous réduit, tous et toutes, au dénominateur le plus bassement commun. Car la politique est l'art du ralliement. Le ralliement est l'art du consensus. Et le consensus est l'art de faire un grand détour pour aboutir à un poil du point de départ, au *statu quo* presque inchangé.

Canadiens, Canadiennes, notre pays est aux prises avec plusieurs crises qui se prolongent depuis longtemps: crise des finances publiques, crise de l'unité nationale, crise du chômage, crise de la pauvreté. Quelle est notre réaction collective face à tout ça? À la politique de nous le dire, justement. À elle de nous révéler à nous-mêmes. Or, après nous avoir sondés en long et en large et de toutes les manières, elle nous propose finalement, dans des livres à couleur variable, des plates-formes taillées sur mesure pour l'électeur moyen, à l'image de notre portrait-robot. De quoi avons-nous l'air dans ce miroir? Quelle est-elle donc notre convergence, notre direction commune, notre espérance pour l'avenir? Le voici, notre principe sacré: Nous voulons… Nous voulons… payer moins d'impôts!

Quoi? C'est tout? C'est ça, le cœur au ventre, la grandeur d'âme du Canada? Oui, voilà le fond de la politique de nos jours. Oh! il y a bien d'autres choses. Mais tout le reste, toute réaction contre la pauvreté, la maladie, le chômage ou l'aliénation régionale, est tempéré par ce principe sacré.

Mon «Livre brun», mesdames et messieurs, est pareil à tous les autres. Il tient pour acquis que nous n'avons pas la volonté de nous engager, comme on le fait en temps de guerre, pour le salut des nôtres et le bien de tous. Il ne lance pas d'appel au courage pour soutenir des stratégies qui transformeraient nos manières de voir et de faire. Il ne compte pas sur la générosité, l'imagination, la flexibilité, la décentralisation, l'initiative locale, la solidarité régionale, la conscience mondiale. Il ne songe pas à réduire la semaine de travail pour assurer le partage du travail, à l'autonomie accrue des provinces pour calmer les tensions régionalistes, aux taxes sur les profits des banques et des grandes corporations, à la lutte contre le monétarisme international qui ronge les valeurs démocratiques et simplement humaines. Mon «Livre brun» regarde le Canada de haut. Vus de haut, nous avons tous l'air petit et mesquin.

Si c'est vrai, comme on le dit en psychologie sociale, qu'une foule a le quotient intellectuel d'un enfant, qu'en est-il alors de la foule des électeurs d'un pays de trente millions d'habitants qui porte un parti au pouvoir? Pendant la campagne électorale, quelques candidats et candidates vous regarderont peut-être autrement qu'à travers des lunettes brunes. Ce sera facile de les reconnaître. Il n'y aura pas de foule autour d'eux.

SILENCE ET IGNORANCE, ARGUMENTS CONSTITUTIONNELS

Le 20 mai 1997. Le débat télévisé des chefs de partis politiques fédéraux en campagne électorale m'a inspiré des commentaires sur... l'absence de commentaires du chef du Bloc Québécois, Gilles Duceppe. (Dois-je préciser ici, parce que je n'y reviendrai pas, que les libéraux sous Jean Chrétien ont fini par remporter cette élection... et la suivante?)

«Voyons donc, Québécois, vous n'allez surtout pas vous séparer. Pensez donc un peu aux francophones hors Québec.» Voilà un argument primaire et prévisible dans le débat sur l'unité nationale. Pourtant, depuis des années que dure ce sempiternel débat, on ne l'a pas entendu si souvent que ça. En règle générale, le fait canadien-français y passe sous silence, tant au Québec qu'au Canada. Ce silence me réjouit et m'irrite.

Il me réjouit parce que j'aime mieux être ignoré que de servir d'aiguille à piquer la mauvaise conscience des Québécois, de marionnette pathétique à faire danser en période référendaire, de fausse preuve de la bienveillance bilingue du Canada, de frère ennemi de la cause du français au Québec. Voilà tout ce que j'évite quand je suis passé sous silence. Et même si ce silence est motivé tout autrement, le Québec ne peut pas reprocher aux porte-parole des francophones hors Québec d'avoir souvent joué cette carte.

En revanche, ce silence m'ahurit quand je vois à quel point il est, chez les Québécois, le fruit de l'ignorance. Vous l'avez vu: en plein débat télévisé des chefs de parti fédéraux en campagne électorale, on a posé au chef du Bloc Québécois Gilles Duceppe une petite question banale sur le sort que le projet souverainiste réserve aux Canadiens-Français. Eh bien, la mâchoire lui a tombé, ses yeux se sont écarquillés et après un silence confus, il s'est mis à bafouiller de quoi bricoler une réponse. Il avait l'air au moins aussi fou que la fois du bonnet de douche[1]. De toute évidence, il n'avait même pas prévu la question. Il n'est pas le seul. Le Québécois moyen qui se fait du souci pour le français en Amérique ne sait pas qu'un francophone sur six vit hors Québec. Le Québécois moyen a dans sa propre famille un oncle ou un cousin qui vit en Ontario et vous dit quand même avec un étonnement sincère: «Tu viens de l'Ontario et tu parles français!» Quand c'est ça le point de départ, on ne peut pas enchaîner avec une argumentation très subtile.

Le Canadien-Français que je suis connaît trop son histoire pour ne pas savoir à quel point son pays l'a trahi. Des lois ont servi à bannir l'éducation française et ralentissent encore son développement, si bien que l'Ontario n'a toujours pas d'université française. Des politiques d'immigration à l'époque où le pays neuf s'ouvrait au peuplement ont sciemment servi à noyer les petites patries canadiennes-françaises qui se développaient hors Québec. La Constitution a bien servi, autrefois, à accorder un poids politique

[1] En pleine campagne électorale, Gilles Duceppe s'était laissé photographier, un bonnet sur la tête alors qu'il effectuait une visite dans un établissement de préparation de produits alimentaires. Les médias avaient fait grand cas de cette photo peu flatteuse.

égal à l'Ontario peu peuplé face au Québec populeux. Aujourd'hui pourtant, le plus petit soulagement constitutionnel des craintes du Québec est politiquement impossible.

On devrait se tourner vers l'avenir et oublier ces vieilles histoires? Ces vieilles histoires n'en continueraient pas moins d'expliquer pourquoi le pays est aujourd'hui comme il est. Et quand on aurait tout oublié le passé, il resterait le présent: les taux d'assimilation, les limites très étroites de la vie quotidienne en français, l'absence de sphère économique pour la langue française hors Québec, mis à part quelques emplois de fonctionnaires. Pour le bien de l'unité du pays, il faudrait que je garde le silence là-dessus aussi? Heureusement pour la bonne conscience canadienne, on n'est pas nombreux à savoir ces choses qu'il ne faut pas dire.

De toute manière, au Québec, ces propos qui apportent de l'eau au moulin nationaliste tombent dans des oreilles de sourds. Les Québécois se sont si bien lavé le cerveau de toute trace du Canada-Français qu'ils en ont perdu jusqu'à leur intelligence politique. Ils voudraient que le Canada admette, sans chichi ni plan B, son droit de s'autodéterminer et qu'il négocie de façon juste et responsable une nouvelle association. Pourquoi alors ne cherchent-ils pas des appuis au Canada? Pourquoi ne rallient-ils pas à eux des partenaires qui souhaitent eux aussi un fédéralisme redéfini et décentralisé, comme les régionalistes de l'Ouest? Ou ceux qui craignent eux aussi pour l'avenir du français, comme les Canadiens-Français?

S'ils faisaient preuve d'intelligence politique, les nationalistes francophones du Québec auraient au niveau fédéral un parti dans lequel un Franco-Ontarien serait un allié potentiel, pas une menace à en faire bafouiller son chef. Ils auraient une stratégie où je tiendrais un meilleur rôle que celui de *dead duck*, de cadavre encore chaud ou de francophone qui fait «pouf». Ils auraient un parti qui tienne compte du fait qu'après un «oui» souverainiste, ils veulent encore d'un Canada associé. Bref, ils auraient inventé autre chose que le Bloc Québécois. Ils auraient inventé un parti pour lequel je puisse voter.

Mais le nationalisme québécois ne sait pas quoi faire de moi. Si vous aviez réfléchi, monsieur Duceppe, vous auriez peut-être conclu que vous n'avez pas intérêt à ignorer les Canadiens-Français. Peut-être même que vous en avez besoin. Je serais même prêt à porter mon bonnet de douche en public, si ça pouvait vous aider à remarquer que je suis là et que souvent, je sympathise avec vous.

Coup de balai dans une école ontarienne

Le 12 juin 1997. Les nouvelles rapportaient le cas d'un enfant francophone du Sud-Ouest ontarien qui perdait l'accès à l'école française, étant donné que ses parents n'étaient pas des «ayants droit» selon la Constitution.

Si jamais il me venait la grotesque idée de m'inscrire dans une école de ballet, je ne serais pas surpris qu'on me demande, d'un air compatissant: Monsieur, avez-vous déjà dansé le ballet? Si jamais (le ridicule ne tuant pas), cette école m'admettait, je ne serais pas surpris non plus qu'on me place dans une classe pour étudiants ayant besoin, disons, de beaucoup d'amélioration. Pour tout dire, je comprendrais que pour mon bien, on m'envoie ailleurs, dans un endroit mieux adapté à mes besoins. Un centre pour perdre du poids, par exemple. Après tout, le ballet, ça exige un minimum de prédispositions physiques.

En revanche, si vous voulez faire admettre votre enfant dans une école française du Canada, on ne voudra pas savoir à quel point il comprend ou il parle le français. Non: on voudra savoir si vous, le parent, avez déjà compris un peu de français il y a déjà bien longtemps, avant de vous être assimilé et d'avoir tout oublié. On voudra savoir si vous, le parent, avez déjà fréquenté une école française au moins quelque temps dans votre lointaine jeunesse. On ne vous demandera surtout pas de parler français à la maison avec votre enfant. On ne posera pas non plus la question bien trop évidente: votre enfant parle-t-il français?

Si on vous la posait, ne vous inquiétez pas, ce serait sans conséquence. Car la section 23 de la Charte canadienne des droits et libertés est ainsi faite qu'elle ouvre grand les portes des écoles françaises à plein d'élèves qui ne parlent pas le français. Ajoutez à cette loi-là les politiques éducationnelles qui mettent tout le monde dans la même classe sans le moindre classement et vous obtenez quoi? Une école française qui n'est française que par accident, quand elle l'est encore. Pour achever le portrait, mettez les écoles d'immersion sous l'égide des administrations scolaires anglaises plutôt que françaises, de sorte que les francophones n'aient pas ce moyen de trier la clientèle.

En Ontario, vous trouverez sans peine, dans une école soi-disant française, plein d'élèves anglais qui n'entendent jamais le français ailleurs que dans la bouche de leur professeur, surtout pas dans la leur. Ils sont là parce qu'ils croient que l'école française, c'est meilleur que l'immersion. Et vous trouvez, sans plus grand-peine, dans une école d'immersion soi-disant anglaise, des élèves qui vous diront en un français tout à fait assuré qu'ils sont là parce que l'immersion est meilleure pour eux, tant leur français est faible. Ils sont là pour faire de bonnes notes plus facilement, ou pire, pour fuir une école française trop peu française.

Et à travers tout ça, vous trouverez deux parents anglophones du Sud-Ouest ontarien dont l'enfant parle très bien français sans avoir accès à une école française, une école qu'il a pourtant déjà fréquentée. Ce pauvre petit doit être le seul élève au pays que la loi a banni de l'école française. En fait, il n'est qu'une victime un peu plus ironique de la confusion généralisée qui passe pour de la politique éducationnelle, dans ce pays ou bilinguisme rime trop souvent avec politicaillerie. Les intérêts politiques ont tant pris le dessus sur les vrais besoins des communautés françaises et des enfants français que les parents ne savent plus faire de choix appropriés. Et les administrations scolaires les laissent faire.

Un jour, vous verrez, la politique organisera de la même façon le monde de la danse. Vous voudrez inscrire votre fille dans une école de ballet. On vous dira: elle est bienvenue, si vous avez déjà été concierge.

Saison 1997-1998

Minorité
Jeunesse
Enseigner
Arts
Petite politique
Être humain
Debbie Courville
Orignal
Sabots
Sexisme
Deux par quatre

Naissance de l'université de Sudbury : une minorité remise à sa petite place

Le 5 septembre 1997. L'université de Sudbury profitait de la rentrée universitaire pour souligner le 40e anniversaire de sa fondation. CBON diffusait ce matin-là une émission en direct du salon Canisius de l'université de Sudbury. J'y ai lu ce billet en ondes et devant public.

Il y a ceux qui font l'histoire et ceux qui la subissent; il y a ceux qui l'écrivent et ceux qui la lisent. Dernièrement, j'ai lu l'histoire des débuts de l'université de Sudbury et j'ai bien vu qui l'a subie. Le bel édifice où nous sommes ce matin m'a l'air maintenant d'un monument à la mémoire de notre impuissance politique de minoritaires. Car entre l'université dont on a rêvé et celle qu'on a eue, il y a quarante ans, il y a de grosses différences.

L'histoire raconte que dans les années cinquante, les Jésuites se préparaient à ouvrir à Sudbury une université catholique et française. Celle-ci devait venir agrandir l'œuvre traditionnelle du collège classique du Sacré-Cœur, en place depuis 1913. Or, des comités d'autres églises protestantes et d'autres villes nord-ontariennes, qui étaient loin d'avoir un passé éducationnel aussi solide, ont réclamé l'égalité. Voilà tout ce qu'il fallait pour brouiller l'eau politique et noyer le poisson.

Cependant, les francophones avaient encore dans

leur jeu une très bonne carte. En fait, c'était une bonne charte, celle du collège du Sacré-Cœur. Dans cette charte, il y avait une clause qui lui donnait le droit de créer au besoin une université. L'histoire raconte qu'un jour, en 1955, une délégation de Sudbury — le père Alphonse Raymond, Gaston Vincent et d'autres — est allée à Toronto mettre cette charte sous le nez du ministre de l'Éducation.

Voilà donc l'action qui explique qu'en 1957, et pour trois ans, l'université de Sudbury a existé indépendamment de toute autre institution... et malheureusement, de toute subvention. C'est là que le gouvernement tenait la bonne carte! Pour emporter la main, il a fait jouer sa fameuse balance politique, qui n'est pas toujours celle de la justice. Dans un plateau, on a mis les cinquante années d'expérience du collège du Sacré-Cœur, l'existence de l'université de Sudbury comme un fait accompli et les centaines de milliers de dollars de dons déjà faits pour une université française. Dans l'autre plateau, on a mis les autres groupes sans pareille préparation, qui ont pourtant pesé tout aussi lourd. Toronto a ainsi eu la partie facile: Non, on ne donnera pas de subvention à une université catholique, car il faudrait alors en donner aux autres. Et avant qu'on puisse revenir lui parler d'une université française laïque, le gouvernement a balancé sous le nez de tout le monde un gros chèque à l'ordre de tous ceux qui voudraient s'unir.

Tout d'un coup, une page de l'histoire a vite tourné. De nouveaux négociateurs jésuites, nommés Belcourt et Bouvier, se sont fermement convertis. Ils ont soutenu que la plupart des Canadiens-Français voulaient en fait la cohabitation bilingue, que ceux qui avaient tant œuvré pour une université sous gouverne française avaient mal visé, que l'université de

Sudbury devait se fondre docilement dans l'université Laurentienne bilingue.

La suite est bien connue. Les anglophones ont mis la loi du nombre de leur bord. Les programmes français ont piétiné, les programmes anglais se sont multipliés. Dans l'université qu'ils avaient créée, les Canadiens-Français ont été avalés. Voilà donc l'histoire d'une minorité ambitieuse remise à sa petite place. Mais dans cette histoire d'échec politique, un passage détonne: celui où par la force d'un vieux document légal, on a eu, pour un moment, une université française.

Quarante ans plus tard, la gestion de l'éducation française entre français est un droit acquis en Ontario. Nos écoles secondaires sont françaises, nos conseils scolaires sont français. Au postsecondaire, nos collèges comme le Boréal sont français. Seules nos universités restent bilingues, comme des fossiles vivants. Dans ce contexte, l'université de Sudbury pourrait-elle poser de nouveau son grand geste d'hier? Dans ses tiroirs, nous dit l'histoire, elle a une deuxième charte qui n'a jamais servi. C'est la charte d'un certain collège Lalemant qui n'a jamais existé. Cette charte pourrait-elle servir à accélérer l'histoire? Pourrait-elle servir à fonder l'université de l'Ontario français? Et si une charte n'est pas le bon moyen, comme en 1955, l'université de Sudbury pourrait-elle prendre le leadership autrement? Voilà de bonnes questions posées au mauvais endroit. Car il y a quarante ans, on a déjà enterré un rêve d'université française, ici même, sous les pierres de l'université de Sudbury. Son fantôme ne semble pas hanter les lieux.

Les historiens disent que l'histoire a tendance à se répéter, surtout quand on l'a oubliée. Aujourd'hui, je vous l'ai rappelée.

A word to the students of Collège Boréal

Le 3 octobre 1997. Depuis son ouverture en 1994, le collège Boréal avait occupé des locaux de fortune. Le matin de l'ouverture officielle de son nouveau campus, j'ai livré ce billet en ondes depuis le hall d'entrée, d'où CBON Bonjour *diffusait une émission en direct. Un peu ironiquement, j'ai adapté ma langue et mon langage à mon public.*

It's my pleasure this morning to say a few words to the young men and women who are studying in this fine new college. I'll say them in the language in which most of you seem more comfortable, judging from what I've heard in the halls and the cafeteria.

Yes sir, you see it coming and you're right. The blame, the sermon, the self-righteous talking down. But before you tune me out, here's something for you to hit me with. I admit that I'm in no position to blame you for something I was doing myself when I was your age. I grew up here in Sudbury, like many of you. And like most of you, English was the language I felt good with. English was the way to sound like a man without sounding like my parents or my teachers. So I spoke English to everyone, except when forced otherwise. That was the way to be myself. If I'm not mistaken, you are all speaking English right now for that same reason: to be yourselves. I remember the feeling. It's such a strong one that you don't feel even the least bit out of place when you walk around laughing and talking English in the halls of a French school.

Mais un jour, j'ai eu l'intuition de ce qui m'arrivait en vérité. J'étais loin de me donner ma propre personnalité, d'exercer ma liberté, d'avoir l'air confiant en parlant l'anglais. En vérité, je faisais docilement ce que la société voulait que je fasse. Je n'essayais pas d'être moi-même. J'essayais d'être comme tout le monde.

À l'époque, je faisais comme vous mes études postsecondaires. Je voyais vite venir le temps où j'allais devoir savoir qui j'étais vraiment, si je voulais trouver ma place et mon salaire. J'osais peut-être aussi rêver, un peu, de faire une différence dans mon petit coin de pays et d'aider à bâtir un monde meilleur. C'est là que j'ai commencé à voir mes parents canadiens-français d'un autre œil. C'est là aussi que j'ai commencé à voir plus clairement l'histoire de mon peuple. La misère économique qui l'a poussé à émigrer dans le Nord ontarien. Les pressions qu'il a subies de partout pour abandonner le français. Les efforts qu'il a maintenus sans grand succès pendant cent ans pour donner à ses enfants au moins des écoles françaises, au moins ça. En fin de compte, j'ai compris d'où je venais. J'ai compris où je m'en allais. Et j'ai compris qu'en parlant tout le temps anglais, je tournais au ridicule un courage que j'étais encore loin d'avoir montré moi-même.

Students of collège Boréal, I suspect you feel uncomfortable hearing me speaking English to you so publicly, so officially, on French radio for all to hear. I'm doing it in the hope it might help you realize how out of place you sound speaking English in this building, of all places, after so many people worked so hard for so many years to make this beautiful, ultra-modern, high-tech French language college a reality, for you.

I know you can very well do without my respect or anyone else's. After all, you are your own man, your own woman. You don't need to be told what to think and how to behave. You're living life on your own terms. That's what I thought I was doing too, before I realized that I still had some growing up to do. I hope to meet some of you some day down the road. But I would have so much enjoyed meeting you now. I somehow had hoped that you would all be different than I was at your age.

Qui parle français en Ontario? C'est triste à dire. Il y a de petits enfants, il y a des adultes, mais entre les deux, il n'y a pas de jeunesse. Celle qui fait du bruit. Celle qui fait du *fun*. Celle qui fait de la vie. Ça manque beaucoup. Ça pourrait être vous.

Enseigner, c'est aussi donner le bon exemple

Le 23 octobre 1997. C'était à cinq jours d'une grève annoncée par les enseignants ontariens indignés par la loi 160, dont les plus importantes provisions sont évoquées ci-dessous. En fin de compte, les enseignants ont déclenché une grève panprovinciale, dite illégale parce que leur convention collective n'était pas échue. La grève a duré deux semaines. Puis les enseignants sont rentrés au travail. La loi 160 n'a subi aucune modification.

Si j'étais enseignant ces temps-ci, je me demanderais bien pourquoi, aux yeux des gouvernements, j'ai une face à fesser dedans. Ils ont l'air de beaux moineaux, pour que deux gouvernements de suite leur disent: «je t'éplumerai» en comptant bien voir les électeurs répondre tous en chœur: «alouette, oh!»

Déjà à l'époque du gouvernement Rae, les enseignants se sont fait arranger le portrait mieux que les autres fonctionnaires. Le gouvernement d'alors a rompu les contrats de travail en vigueur pour imposer, par loi spéciale, un gel salarial de trois ans qui vient juste de prendre fin. On a baptisé ça le «contrat social», quand en fait, c'était tout le contraire d'un contrat. Ça bafouait le principe de la négociation collective pour imposer la raison d'État.

Maintenant c'est au gouvernement Harris de trouver un traitement de faveur pour enseignants tout spécialement. Pour préparer le terrain, il a apaisé les autres fonctionnaires, en mettant beaucoup d'eau dans le vinaigre de la loi 136 qui aurait pu leur retirer le droit de grève. Ça, c'était pour briser le front commun et isoler les enseignants. C'était pour se donner comme adversaire le groupe qu'il pensait pouvoir mieux mettre à sa main. En jouant les gros bras, à gros coup de loi 160 plutôt que par négociation collective, le gouvernement arrange la face de l'éducation de demain.

Dans cet avenir-là, le pouvoir de décider ce qui se passe dans les écoles est concentré encore plus dans les mains de politiciens de la trempe de John Snobolen. Dans cet avenir-là, les éducateurs ont besoin de brevets d'enseignement tandis que ce ministre de l'Éducation n'a pas besoin de diplôme du secondaire. Dans cet avenir-là, il y a des milliers d'enseignants en moins pour s'occuper de classes plus grosses et plus nombreuses qu'avant. Voilà le genre de coup de force qu'on peut faire, quand les contrats de travail ne valent pas le papier qui les porte.

Qu'est-ce qui se passerait, par comparaison, si un jour vous décidiez unilatéralement de changer votre contrat avec votre banque et de réduire vos paiements d'hypothèque parce qu'il vous faut alléger votre fardeau fiscal, réduire votre niveau d'endettement et donner la priorité à vos enfants? Peu importe vos motifs, vous seriez vite dans la rue, sans même une affiche de manifestant en main. Car un contrat, c'est un contrat. Mais les enseignants ne sont pas des banquiers. Un contrat avec eux n'a pas du tout le même sérieux. Passez une loi pour l'effacer et le tour est joué.

Les enseignants en sont rendus là parce que les

devins de l'opinion publique ne leur reconnaissent pas un grand appui populaire ni une solide cohésion entre eux. Par comparaison, on n'a pas fait pareil coup aux médecins. Tout ça me ramène à ma question de départ: qu'est-ce que les enseignants ont bien pu faire à l'opinion publique afin de passer pour les dindons de la farce politique? Ils ont trop de vacances d'été? Ils sont trop bien payés? Ils ne savent pas enseigner? Ah! mais justement, ils savent enseigner.

Enseigner, c'est pour beaucoup donner le bon exemple. Se laisser manger la laine sur le dos, et deux fois plutôt qu'une, voilà justement la leçon que le gouvernement voudrait bien faire aux citoyens de demain, comme aux électeurs d'aujourd'hui, grâce à l'exemple des enseignants. Ces derniers se sont inclinés une fois déjà sous Bob Rae. S'ils s'inclinent une fois de plus sous Mike Harris, vont-il se relever dans l'opinion publique?

Pourquoi vous avez subventionné les arts

Le 9 novembre 1997. Après un quart de siècle d'existence et des années de revendications qui ont piétiné, le Théâtre du Nouvel-Ontario de Sudbury se voyait enfin doté d'une salle de spectacle permanente. J'ai livré ce billet lors d'une émission que CBON a diffusée en direct de cette salle pour souligner son ouverture officielle.

Nous sommes ici nombreux ce matin à nous réjouir de la venue tant attendue de la première salle de théâtre française du Nord de l'Ontario. Mais nous n'aurions pas loin à aller pour trouver d'autres gens, bien plus nombreux, pour qui nos réjouissances n'ont pas beaucoup de sens. À Sudbury comme ailleurs, les arts ne sont pas très courus, ni compris, ni soutenus par le grand public.

C'est peut-être parce que le grand art, au contraire du gros sport, c'est aussi exigeant pour la personne qui le regarde que la personne qui le fait. Les arts sont faits pour faire penser, et pire, pour faire penser autrement. Les arts vous obligent à essayer de comprendre pourquoi vous ne les comprenez pas. Les arts vous obligent à vous prendre pour la conscience du monde. Les arts sont faits pour vous changer, pour vous amener à être meilleurs. De tout ça, on dirait, bien peu de citoyens ont envie. Ça donne beau jeu aux gouvernements pour financer les arts au compte-gouttes et pour condamner les artistes à des éternités de lobbying. La longue histoire de cette salle où nous sommes en est un bon exemple.

Entre d'autres murs que ceux-ci, de tout autres genres d'idéalistes écrivent d'autres discours autrement lourds: des rapports de commission royale d'enquête, des projets de modification de la Constitution, des projets de développement communautaire, des plates-formes électorales. Comme l'art, de tels discours voudraient aussi changer le monde. Mais leur influence dure jusqu'à la prochaine élection ou au prochain sondage. Ils iront vite dormir sur des tablettes où ils ne feront plus réfléchir personne.

Entre d'autres murs, un sociologue analyse et explique de façon savante la fondamentale impossibilité de l'identité franco-ontarienne. Un psychologue montre le prix psychologique qu'on paie à vivre parmi un peuple dominé. À lire tout ça, vous pourriez peut-être comprendre pourquoi ça fait mal d'être Franco-Ontarien. Mais ce mal-là, vous l'aurez compris et bien plus, vous l'aurez ressenti, quand par exemple vous aurez vu et entendu, là devant vous, pendant deux heures intenses à vous en couper le souffle, la pièce *Le Chien* de Jean Marc Dalpé.

De tout ce que j'ai vu au TNO, c'est mon œuvre fétiche. Il y a là-dedans un homme qui hait, qui hait son fils, sa femme, soi-même, mais qui doit haïr, qui veut haïr. Car sa haine est sa seule façon de se passer de son idéal et de survivre sans être ce qu'il a tant voulu être: un héros, comme son père à lui. Son père, qui a fait en Europe la grande guerre, qui a fait dans le Nord ontarien les premières terres. De ce monde-là, le fils n'a jamais pu avoir l'héritage. De ça, il se soulage par la rage.

Dix ans après l'avoir vu, c'est encore à ce théâtre-là que je pense quand j'ai besoin de remettre le doigt sur mon intuition de ce qui cloche tant dans cette histoire de fou qu'est le français dans le Nord de l'Ontario. C'est à cette pièce que je pense quand j'essaie de comprendre pourquoi cette cause me remue et me tracasse au point d'y dépenser mes meilleures énergies, alors que tant d'autres s'en fichent. Au théâtre, dans notre théâtre, j'ai découvert un trou de serrure par où épier un mystère qui est en moi.

De tels trous, j'en trouve aussi ailleurs, dans des romans, des poèmes, des peintures. Voilà les trous par où disparaissent vos impôts qui financent les arts en Ontario. Ils m'ont payé une façon de croire que je devais rester ici dans le Nord au lieu de sacrer mon camp comme tant d'autres. Vos subventions aux arts, au TNO et enfin à sa salle de spectacles, m'ont payé le courage de croire en nous, de m'engager envers nous. Croyez-moi quand je vous dis que vous avez bien investi.

ÉLECTIONS MUNICIPALES: DE LA PETITE POLITIQUE?

Le 11 novembre 1997. J'ai livré ce billet en ondes le matin où l'on apprenait les résultats des élections municipales qui se déroulaient à l'échelle de l'Ontario.

La grève des enseignants a fait tant de bruit depuis des semaines qu'elle a détourné beaucoup d'attention des élections municipales. C'est peut-être tant mieux. Comme ça, on aura cette année une excuse différente pour expliquer la faiblesse de la participation des électeurs le jour du scrutin. Où qu'on soit au Canada, généralement, le taux de participation aux élections municipales atteint difficilement les trente pour cent; une personne sur trois.

C'est curieux que ce soit si peu. On aurait pu croire, si la réalité n'enseignait pas le contraire, que le palier de gouvernement local serait le plus intéressant. Les candidats et les élus sont des personnalités locales. Leurs responsabilités comme les sports et loisirs, les routes et les trottoirs, sont du genre à toucher tout le monde quotidiennement et familièrement. Mais au contraire, le désintéressement règne en politique municipale, comme pour confirmer un adage qui s'avère trop souvent: les petits milieux rapetissent tout.

Traduit bêtement, sinon méchamment, cela signifierait qu'un gouvernement de petite envergure attire des personnages politiques de petite envergure. Ils sont rares et d'autant plus admirables, les maires, préfets ou conseillers charismatiques qui font vraiment une différence, qui inspirent une communauté à se rallier, à se renouveler, à se dépasser. Pour l'avenir immédiat, on peut craindre qu'il n'en aille pas autrement. Sous le règne provincial qu'on sait, les municipalités seront réduites au rôle de faire les compressions de budgets et de services auxquelles Queen's Park les accule. On imagine le genre de candidat que pareil avenir attire. On imagine aussi le genre de personnalité que pareil univers politique rebute trop pour qu'elle ose même se présenter comme candidat au conseil municipal ou même scolaire.

Ça fait longtemps que la petite politique municipale repose essentiellement sur une grande préoccupation: éviter de taxer. Mais ce qui est nouveau maintenant, c'est que cette petite politique est devenue aussi celle des grands, des gouvernements fédéral et provinciaux. Le pays tout entier se prend pour une bourgade, tellement c'est évident que les vraies décisions importantes se prennent ailleurs, plus haut encore, dans les sphères mystérieuses de la haute finance internationale.

Si encore dans nos élections municipales, les candidats devaient représenter des partis provinciaux, comme ça se fait dans d'autres pays. Si on savait qu'on élisait un maire conservateur, libéral ou néo-démocrate, pareil système aurait peut-être pour effet d'élargir les horizons de la politique municipale et de rehausser le rôle politique des élus locaux. C'est une idée comme une autre, mais que personne n'entretient sérieusement. En revanche, ce qui est sérieux, c'est que les municipalités héritent désormais d'importantes responsabilités dans les domaines du logement social, de l'aide sociale, des services sociaux. Il y a peut-être là de quoi élever la barre de la politique locale, si la province permet vraiment une marge de manœuvre locale.

En somme, je peins en grisaille le portrait de la politique municipale. Heureusement, des candidats et des candidates se présentent comme les exceptions à la règle. On en a vu dont la plate-forme électorale voulait élargir les horizons étroits de la politique municipale. On en a vu qui ont dit vouloir essayer de se dresser devant le rouleau compresseur conservateur, pour le bien de leur ville comme de la province entière. On en a vu, des candidats et candidates qui n'ont pas le profil banal du conseiller de quartier typique. J'espère que ce matin, quelques-unes de ces personnalités-là ont le plaisir de se voir élues. Elles seront rares, cependant, je le sais. Aussi rares qu'ont été nombreux leurs parfaits contraires, ces électeurs qui n'ont même pas pris la peine d'aller voter hier.

Un gestionnaire est-il un être humain?

Le 28 novembre 1997. La distribution massive de sang contaminé par le mélange de dons de sang sain et de sang infecté par l'hépatite a entraîné la création d'une commission d'enquête. Je commentais le dépôt du rapport d'enquête le surlendemain de sa publication.

Le juge Krever a soumis son rapport tant attendu sur le scandale du sang contaminé. Les réactions sont nombreuses et partagées. Du point de vue humain, toute l'affaire reste assez claire. La compassion et éventuellement la compensation pour ceux et celles à qui une transfusion a pris la santé ou un être cher, c'est la bonne réaction, c'est la bonne émotion, sans aucun doute.

C'est quand on aborde l'affaire du point de vue institutionnel que plus rien n'est clair. L'émotion qu'on voudrait alors avoir, c'est celle de la justice rendue, celle qu'on a à voir le responsable d'une faute en payer le prix. C'est de ce point de vue que le rapport Krever en laisse certains sur leur faim. Car dès qu'une faute relève d'une institution, c'est comme si on perdait de vue l'humain dans le système. C'est comme si une personne porteuse d'un titre d'autorité devenait autre chose qu'une personne. Elle deviendrait l'exécutrice d'une fonction, une pièce dans le mécanisme social, l'agent aveugle d'une autorité dont la morale n'est pas celle d'une conscience individuelle.

Quand cette autorité dérape et que le scandale éclate, c'est immanquable, on voit vite s'installer une confusion bien commode pour les responsables et frustrante pour les victimes. C'est quoi, le vrai problème ici, demande-t-on? Est-ce le manquement de certains individus, leur défaut d'intelligence ou de jugement? Ou est-ce autre chose d'autrement complexe, un défaut organisationnel, une erreur de système?

Les réactions au rapport Krever balancent entre ces deux vues. Les uns sont amers, en pensant que ce rapport n'a pas dénoncé des coupables par leur nom. Les autres espèrent qu'un rapport qui culpabilise les structures plutôt que les personnes servira mieux la cause de la santé publique et peut-être même d'éventuelles poursuites en justice. À la lumière de la longue enquête du juge Krever, tout l'appareil d'approvisionnement en sang semble prêt à changer pour le mieux. Voilà peut-être le plus grand réconfort qu'apporte ce rapport, du point vue institutionnel. Mais il reste le point de vue humain sur l'affaire, qui devrait inspirer, il me semble, une morale bien plus générale.

Imaginez un peu comment les anciens directeurs, bureaucrates et ministres impliqués dans cette tragédie se sentent aujourd'hui, à porter ou à fuir la conscience de leur rôle dans cette affaire. Imaginez-les en train d'essayer de départager leurs propres erreurs de celle du système qu'ils servaient loyalement. Maintenant, imaginez-les en tant que personnes, sans leur titre de directeur de ci ou de ça. On a beau dire, une personne ordinaire n'aurait jamais laissé verser du poison dans les veines de son voisin, pour la piastre à économiser ou la réputation à ménager. Voilà en revanche le genre de sang-froid qu'on acquiert, le genre de faute qu'on sait faire, le genre d'être qu'on finit par devenir, quand on devient si bon à respecter la logique d'une organisation qu'on ne sait plus respecter la vie de son prochain.

Voici donc une pensée que tout ce drame pourrait inspirer aux gestionnaires de tout genre. En dépit de votre titre de directeur, de votre complet trois pièces, de votre bureau dans un grand édifice, de votre horaire surchargé, de vos grandes responsabilités, vous êtes une personne ordinaire. Vous rappeler ça, ça pourrait même vous rendre meilleur gestionnaire. Ça aurait pu vous éviter, par exemple, cinq cent mille pages de témoignages, 57 millions de dollars dépensés en enquête, 25 millions de dollars en frais juridiques et du sang de milliers de Canadiens sur vos mains.

Debbie Courville va-t-elle mener nos conseils scolaires ?

Le 23 janvier 1998. La création de conseils scolaires homogènes de langue française en Ontario est survenue dans la foulée de la réduction du nombre de conseils scolaires dans la province. C'était un développement inespéré pour ce qui est de la maîtrise des francophones sur leurs institutions. Mais ces conseils de langue française sauront-ils mieux assurer la francité des écoles françaises ?

Le poète maudit Patrice Desbiens a trouvé beaucoup d'images frappantes, troublantes, gênantes et percutantes dans sa longue carrière de paratonnerre involontaire de la dérision de la condition franco-ontarienne. (Voilà une phrase pleine de rimes comme le pauvre Patrice n'en écrit jamais !) Parmi tous ses personnages plus ou moins fictifs, il y a l'inoubliable Debbie Courville, qui habite le recueil au titre trompe-l'œil *Poèmes anglais*. Debbie, c'est l'inconnue dont on ne connaît que le nom écrit à la main sur la page de garde d'un vieux livre d'école française vendu à un libraire d'occasion. C'est elle que l'on croise, combien d'années plus tard, en serveuse de restaurant qui vous sert en disant: *I'm French, but I don't speak it. Do you want more coffee ?*

Eh oui, quoique non francophone, Debbie est française. Elle peut le dire avec l'assurance de la personne dans son droit. Car la loi suprême du pays, la Charte canadienne des droits et libertés, lui donne ce droit quand vient le temps de choisir ou non l'école française pour ses enfants. Les conseils scolaires, eux, ont trop souvent permis que ce pouce devienne un mille.

Les recensements nous disent qu'au fil des générations, Debbie et ses semblables sont devenus la majorité franco-ontarienne. Quand pour une raison ou une autre, ils boudent les écoles d'immersion, ce n'est pas étonnant, donc, qu'ils soient parfois la majorité dans des écoles françaises. Et s'ils n'y sont pas majoritaires, ils sont peut-être encore plus puissants. Car ils bénéficient alors du souci bienveillant que l'on a pour la minorité dans la salle de classe, additionné au pouvoir qui auréole d'eux à titre de majorité dans la société.

Mes lumières en politicologie peuvent sembler discutables. Mais qui sait à quel point elles n'éclairent pas réellement plus d'un épisode de l'histoire récente de nos anciens conseils scolaires, ou plutôt de leurs sections de langue française. À plus d'une reprise et dans plus d'une ville — North Bay, Sudbury, Sault-Sainte-Marie et où encore — des «français francophones» ont réclamé dans leur ville au moins une école française vraiment française et se sont fait rabattre le caquet. On les a traités d'extrémistes, d'élitistes, de séparatistes, de racistes. Et on les a remis à leur place, au même rang que tous, comme il convient aux prétentieux. Or, au contraire de ce qu'on a dit souvent, ni la Charte canadienne des droits et des libertés, ni les politiques du ministère de l'Éducation n'empêchaient le classement des élèves vraiment francophones dans des écoles à part. La preuve, c'est que ça a été fait dans quelques villes ontariennes, même là où le nombre ne le justifiait pas.

Ne pas vouloir accommoder les «français francophones», ça découle sans doute en partie d'une logique de gestionnaires soucieux d'économies. Mais il n'y a pas que ça. En vérité, ça s'explique par la tendance de tout organisme à ravaler la minorité dans la majorité. En Ontario français, c'est Debbie Courville qui a le nombre de son bord. Son poids politique pèse fort sur la conscience des conseillers scolaires élus, après tout, pour représenter et desservir *toute* la population. Les enfants anglicisés de Debbie n'auront jamais de misère à trouver, eux, une école qui ne leur fasse pas sentir qu'ils sont étranges.

Jusqu'à preuve du contraire — que j'attends de tout cœur et bientôt je vous en prie — rien dans le simple fait d'avoir maintenant des conseils scolaires de langue française ne change de tels rapports de force. En Ontario, tout au fond de la minorité française, il y a la minorité francophone. C'est la minorité dans la minorité, dont Debbie Courville fait bien ce qu'elle veut. Voilà pourquoi, à l'aurore des nouveaux conseils scolaires homogènes de langue française, et en parlant d'avance au nom des prochains parents qui oseront demander une école authentiquement française, je fais ce pathétique plaidoyer démocratique.

Please, Mrs. Courville, you already have all the schools you need. Now can I have one real French school? Just one, please? Come on, Debbie. Give me a break.

Le bramement affligeant de l'orignal ignoré

Le 26 janvier 1998. Les nouvelles avaient rapporté la réunion fondatrice d'un groupuscule du Nord-Ouest ontarien qui prétendait devenir éventuellement un parti séparatiste nord-ontarien. J'ai réagi en louvoyant entre la sympathie et le ridicule. De toute façon, on n'a jamais réentendu parler de ce groupe.

Périodiquement dans notre histoire, on voit resurgir l'idée de faire du Nord ontarien une onzième province canadienne. Dans les années soixante-dix, il y a eu l'ineffable Ed Diebel et le *Northern Heritage Party* qui voulait un Nord de l'Ontario unilingue anglais. Bien avant lui, le curé Labelle avait rêvé de faire une grande province française de tout le territoire qui s'étend des deux bords des lacs Témiscamingue et Abitibi. Voici maintenant qu'un groupuscule du Nord-Ouest ontarien prétend pouvoir relancer ce vieux rêve impossible. Mais dès que les uns rêvent tout haut de fonder le Nouvel-Ontario, les autres s'empressent de fourbir les armes, surtout les armes du ridicule. Vous les entendez déjà.

Quel sera le symbole animal de votre province nord-ontarienne? Non pas l'orignal mais le chasseur d'orignal.

Quel en sera le poisson officiel? La barbotte, le seul poisson assez débile pour mordre à un hameçon tout nu sans ver.

Quelles seront vos langues officielles? L'anglais et le franglais.

Qu'est-ce qu'on va frapper sur vos pièces de monnaie? Côté pile, une face de Gilles Bisson, et côté face, du bois cordé... ben serré. (Note pour les lecteurs d'ailleurs: Gilles Bisson et Benoît Serré sont des députés nord-ontariens.)

Qu'est-ce qu'on obtient quand on croise un Nord-Ontarien et une pieuvre? Un animal qui n'a pas de nom, mais vous devriez le voir corder du bois!

Quelle sera votre devise latine? «Opasatika magnificat orignalibus», ce qui signifie «Ne pilez pas sur mon orignal».

Qu'est-ce qu'on verra sur votre drapeau? En premier plan, un orignal mâle en rut en plein milieu de la route. À l'arrière plan, les deux phares luisants d'un gros camion Mack qui fonce sur lui. Impossible à dessiner, vous dites? Eh bien oui, justement.

Où va-t-on mettre la capitale? À Hearst, le pays est tellement plat qu'on ne trouvera jamais une colline parlementaire, tandis qu'à Sudbury il y a tellement de collines qu'on fera tout un plat à en choisir une. Alors pourquoi pas Wawa, pour faire écho à Ottawa?

Et quels seront les principaux produits d'exportation de cette nouvelle province nord-ontarienne? Son bois, son minerai et sa jeunesse.

Celle-là, c'est la moins drôle, parce que c'est la plus vraie. En un siècle d'histoire économique nord-ontarienne, on a vu naître bien peu d'industries secondaires qui transforment ici nos richesses naturelles. Ces emplois-là aussi on les a exportés, vers le Sud ou des pays bien plus lointains, comme si le Nord n'était qu'une région bonne à exploiter mais non à développer.

On pourrait bien s'en scandaliser, si ce n'était pas, en gros, le sort du Canada au grand complet. À l'extérieur du grand arc doré qui entoure Toronto, on semble bien parti pour miner et bûcher jusqu'à ce qu'il ne reste plus rien. Ensuite, on s'en ira ailleurs. Comme les manufactures d'autrefois, les emplois d'aujourd'hui en technologie de l'information sont destinés d'avance à d'autres contrées.

Oui, c'est facile de tourner en ridicule cette chimère d'un Nord ontarien maître de son sort et bâtisseur de son avenir économique. Mais si ce ridicule tue, il pourrait bien tuer le Canada tout entier.

Patrimoine canadien et ses gros sabots

Le 23 mars 1998. Pendant la Semaine nationale de la francophonie, je m'affairais à CBON à trouver des sujets d'entrevue qui puissent sensibiliser le public au fait que notre communauté a des liens avec une vaste communauté francophone canadienne et internationale. J'aurais mieux aimé cependant ne pas avoir trouvé ce sujet-ci.

Toute la semaine dernière à *CBON Bonjour*, nous avons souligné la Semaine de la francophonie. C'est une initiative admirable animée par le respect pour la diversité des communautés françaises partout au Canada et dans le monde. Expliquez donc ça maintenant au ministère du Patrimoine canadien. Car le respect, c'est une attitude qui semble souvent lui manquer.

Vous avez pu entendre à *CBON Bonjour* et lire dans la chronique de l'Agence de presse francophone de votre hebdomadaire, comment le ministère du Patrimoine canadien a plus ou moins pris en otage l'Association canadienne d'éducation de langue française. L'ACELF, c'est l'organisme qui a conçu et organisé cette fameuse semaine promotionnelle de la francophonie depuis 1993. Cette année, elle a tout préparé comme d'habitude. Mais à la dernière heure, Patrimoine canadien a dit que la subvention pour organiser la semaine allait à une autre firme.

En plus de s'emparer de l'idée, cette autre firme a

utilisé sans permission tous les noms de marques déposées de l'ACELF, soit la Semaine de la francophonie, l'Agenda de la francophonie, et même le sigle ACELF. L'ACELF s'est plainte, bien sûr. Mais elle s'est fait dire que si elle osait se défendre, Patrimoine canadien ne verserait pas la subvention qui viendrait défrayer les centaines de milliers de dollars de dépenses engagées pour produire du matériel et des affiches que d'autres sont venus refaire.

C'est de la belle arrogance bureaucratique. Et ce n'est pas un cas isolé. Je vous rappelle maintenant l'histoire des francophones de Sault-Sainte-Marie que je vous ai rapportée cet été. Au Sault, on souhaitait tout modestement un local pour loger des organismes francophones. Mais Patrimoine canadien, en sa grande sagesse, a décidé que ce qu'il leur fallait vraiment, c'était un restaurant francophone de luxe dans une ville à 3% francophone. Il s'imaginait en plus que les profits de ce commerce pourraient financer des organismes communautaires. On a donc dépensé 300000$, sans compter d'innombrables heures de travail de bénévoles, pour rénover un édifice qui est la propriété de non-francophones. Puis on a ouvert un restaurant qui a fait faillite trois mois plus tard. Tout cet argent est perdu et les organismes locaux n'ont toujours pas de local qui leur appartienne.

Par ailleurs, vous souvenez-vous maintenant du partenariat qui unissait trois organismes artistiques de Sudbury, le Théâtre du Nouvel-Ontario, la Galerie du Nouvel-Ontario et Prise de parole, à l'époque où ils faisaient front commun dans l'espoir de faire subventionner la création d'un centre artistique commun? Là encore, Patrimoine canadien est intervenu avec tant d'adresse que le TNO a été le seul bien servi. Pendant un bon bout de temps après ça, un climat de ressentiment a plané dans les rapports entre ces trois organismes autrefois amis étroits.

Je pourrais vous rappeler maintenant la manie de la ministre Sheila Copps, qui sème des drapeaux canadiens à tout vent. Elle a trouvé de dignes émules chez le Parti réformiste. Mais passons à l'essentiel, à la morale de l'histoire. Pour ce qui est de savoir respecter les communautés où il débarque avec ses gros sabots et ses petites subventions, Patrimoine canadien en a beaucoup à apprendre. Pourtant, quelle ironie, il a le mandat de nous l'apprendre.

Femmes et enfants d'abord: le sexisme admirable

Le 25 mars 1998. Le film Titanic *a fait parler de lui au lendemain de la soirée des Oscars où il a remporté onze statuettes. Mais ce que j'ai vu dans ce film, ce sont des choses qu'on n'est pas censé remarquer: des stéréotypes sexuels.*

Le sexisme est une vilaine chose. À l'origine, les féministes et de nos jours presque tout le monde nous le disent en dénonçant, entre autres choses, l'image de la femme à la télévision, dans la publicité ou au cinéma. Leur raisonnement, vous le connaissez: à force de montrer à l'écran des femmes impuissantes et soumises, on crée en société des femmes impuissantes et soumises. On fait aussi le raisonnement complémentaire: à force de donner l'écran à Sylvester Stalone, à Jean-Claude van Damme et aux Power Rangers, on enseigne aux garçons et aux hommes des comportements agressifs et des attitudes dures.

Or, combien d'entre vous qui êtes allés voir *Titanic* avez remarqué que dans ce film, il y a une chose plus grosse encore que les gros décors, les gros effets spéciaux et la grosse histoire d'amour? C'est le gros stéréotype du rôle de l'homme. Le bateau coule. Tout le monde a peur. Des milliers de personnes voient venir la mort en pleine nuit noire dans un océan glacial. En un tel moment, devant les chaloupes de sauvetage, qu'est-ce que l'on crie tout naturellement?

«Les femmes et les enfants d'abord!»

Quand plus tard, deux amoureux atteignent à la nage une seule planche de salut, la fille seule pourra s'y hisser. Pourquoi ne les a-t-on pas vu tenter plus d'une fois, plus désespérément, d'y monter ensemble? Est-ce le rythme de la scène qui en aurait souffert ou l'image du mâle? D'une manière ou de l'autre, le stéréotype, lui, ne cale pas. Un vrai homme ne tiendra jamais assez à sa propre peau pour ne pas la donner en sauvant celle d'une femme. Un homme respectable ne ressentira jamais assez la peur pour manquer de courage en de telles circonstances.

Bref, devant le grand écran comme le petit, les hommes apprennent à écraser une émotion forte, celle de se sentir vulnérables. Ils apprennent à rester insensibles au cœur des pires épreuves. Ils apprennent le devoir de la maîtrise de soi et de la situation. Et ils comprennent qu'en un jour de crise, de naufrage ou de guerre — quel jour ordinaire ne l'est pas au moins un peu? — leur famille et leur société s'attendent d'eux qu'ils se comportent en hommes.

Ces valeurs du temps du *Titanic* n'ont pas changé. On les voit encore de nos jours dans d'innombrables films. L'homme a un fort beau rôle de fort. Sa brave défense de la famille et du pays est admirable. Mais ces attitudes nobles, rendons-nous en compte, sont très proches de celles qu'on reproche ensuite aux hommes qui réagissent par l'agression et l'insensibilité à leurs problèmes interpersonnels. Le garçon qui n'a pas le droit de pleurer devient l'homme incapable de tendresse. Le garçon qui n'a pas le droit d'avoir peur devient le père dominateur.

Le stéréotype de l'homme qui, face au danger, écrase sans pitié sa propre peur, c'est la petite pointe présentable, admirable, inattaquable, du gros iceberg de l'agressivité masculine. C'est du sexisme dont le féminisme ne se soucie pas et dont la société s'accommode bien, si bien qu'un mouvement de libération des hommes se couvrirait de ridicule en essayant de le dénoncer. En fin de compte, les hommes eux-mêmes s'en accommodent fort bien. Car la récompense promise est de taille. À la fin de ces histoires, dans les bras de quels hommes se laissent tomber les belles femmes?

L'AVENIR N'EST PAS BÂTI EN «DEUX PAR QUATRE»

Le 21 avril 1998. Le gouvernement ontarien a présenté une stratégie pour la gestion des forêts nord-ontariennes baptisée «Terres pour la vie». Le plan comprenait la création de nombreux parcs et la réduction du territoire accessible à l'industrie forestière. Le processus comprenait des séances de consultation dans plusieurs communautés, où l'inquiétude s'est très vivement exprimée.

Avec le bois de ses vastes forêts, le Nord ontarien a charpenté son économie régionale. Thunder Bay, Terrace Bay, Sturgeon Falls, Iroquois Falls, Wawa, Mattawa, Dubreuilville, Noëlville, Chapleau, Kapuskasing, Timmins, Sault-Sainte-Marie et j'en passe, environ soixante-dix villages et villes du Nord ont comme grand employeur une usine de sciage ou de pâte à papier.

L'industrie du bois, c'est la troisième industrie de l'Ontario et son deuxième exportateur. C'est une industrie où les salaires sont très bons. Actuellement, ils sont environ 40% plus élevés que le salaire industriel moyen. Ces salaires-là expliquent même pour beaucoup l'émigration canadienne-française dans le Nord, tant l'ouvrage aussi bien payé était plus rare au Québec. Bref, le bois, c'est plus que notre gagne-pain. C'est nos origines, notre culture, notre raison d'être socio-économique.

Or, après avoir couvert de béton, d'asphalte, de bungalows et de banlieues banales des milliers d'acres de terre agricole dans le Sud de leur province, les Ontariens veulent maintenant cultiver leur bonne conscience ailleurs. Ils rêvent de garder à l'état sauvage les grandes forêts du Nord, en posant des limites plus étroites que jamais à leur exploitation future. Les bûcherons, eux, pestent et protestent en croyant défendre leur avenir. Mais ils s'y prennent trop tard. L'avenir a déjà pris le bois.

Déjà, le Nord ontarien a seulement le tiers des emplois dans la transformation du bois. Les deux tiers des emplois à valeur ajoutée sont dans le Sud. L'industrie du bois n'a pas entraîné la diversification économique dans notre région. Déjà, le Nord a perdu 40% de ses emplois dans l'industrie forestière entre 1960 et 1991. Pendant cette même période pourtant, la récolte d'arbres a augmenté de 90% et le territoire exploité a grandi de 75%. De plus en plus, l'industrie du bois fait travailler d'immenses machines plutôt que des hommes et des femmes. À ces signes, on voit que l'industrie forestière a elle-même posé des limites étroites à l'avenir du Nord, bien avant que les écologistes ne s'en mêlent.

Ces jours-ci, des bûcherons en colère s'agitent dans les séances de consultation des «Terres pour la vie» en croyant défendre notre avenir. Ce qu'ils défendent en fait, c'est notre passé. Qu'on le veuille ou non et quel que soit le plan retenu pour l'attribution des terres, l'industrie du bois ne sera plus chez nous une industrie à forte croissance. Pour traverser le prochain siècle, pour que notre coin de pays grandisse au lieu de se vider, pour qu'il y ait des emplois pour notre jeunesse, il faudra bâtir l'avenir autrement qu'avec des «deux par quatre».

À s'empêtrer dans la logique des «Terres pour la vie», cependant, on finit par croire que notre avenir, c'est le tourisme en plein air. Voir vert, c'est voir trois cent mille Nord-Ontariens devenir pourvoyeurs, guides et restaurateurs. Voir vert, c'est prétendre que les maigres salaires de l'industrie touristique vont remplacer ceux de l'industrie forestière.

Dans ce débat sur l'avenir des terres du Nord, tant les écologistes que les bûcherons ont la vue trop courte pour vraiment imaginer l'avenir qu'ils veulent définir. Pour traverser le XXIe siècle, le Nord aura besoin d'une nouvelle personnalité industrielle articulée avec l'économie du monde entier, libre-échange oblige. La voilà, la vraie question, la grande question de fond que l'initiative des «Terres pour la vie» suppose et que pourtant trop peu de gens posent.

Saison 1998-1999

Morale
Le bon français
Sauveur
Prédiction
Ourson
Uniforme
Image
Peur du Nord
Poudre aux yeux
Laine mouillée
Bon sens
Cabinet fantôme

Respect de la vie ou respect de la morale?

Le 25 septembre 1998. Les nouvelles avaient rapporté la découverte du cadavre d'un nouveau-né dans un dépotoir près de Sudbury. La police n'a jamais élucidé l'affaire.

Une triste nouvelle la semaine dernière nous a mis dans la cervelle une image poignante à nous en arracher le cœur: parmi les déchets d'un dépotoir d'Azilda, le corps sans vie et abîmé d'un nouveau-né. Nous ne savons rien encore et peut-être ne saurons-nous jamais quel a été le drame terrible vécu par la personne qui a posé ce geste. La police a avancé une hypothèse qui s'est avérée dans des cas semblables. Plus d'une fille enceinte sans l'appui de son entourage a posé de pareils gestes désespérés.

Quels que soient les faits inconnus de ce cas-ci, il comporte déjà deux évidences. Ni l'avortement, ni la contraception n'ont empêché cette grossesse qui n'aurait jamais dû être. Voilà justement les deux choses que les condamnations sans appel de la morale sexuelle découragent. Qui sait si ce n'est pas par croyance en cette morale, ou par crainte de sa rigueur, qu'une personne en désarroi a trouvé le dépotoir moins intimidant que les agences qui auraient pu l'aider? Qui sait si cette grossesse au dénouement tragique n'en est pas une de celles que la morale elle-même engendre?

En prêchant l'abstinence de préférence à la

contraception, la morale feint d'ignorer que dans n'importe quelle école secondaire, plus de la moitié des élèves a déjà eu des rapports sexuels. Par respect pour la morale, combien de jeunes n'osent pas aller acheter des condoms en prévision du jour où leur nature humaine les rejoindra? Réponse: autant qu'il en faut pour nous donner dans le Nord ontarien un taux d'adolescentes enceintes supérieur à la moyenne nationale.

La morale sexuelle affirme aussi avec une certitude absolue une chose très longuement discutable: la vie de l'âme commence à l'instant de la conception, de sorte que l'avortement est un meurtre. Me prononcer là-dessus en deux phrases serait dérisoire, donc je fais le saut. Mais je retombe où? Devant l'image affreuse qui me bouleverse au départ.

Dans ses pires excès, le cinéma de guerre ou d'épouvante n'a pas l'indécence d'en montrer une pareille. Mais si jamais votre imagination n'en avait pas les moyens, quelqu'un vous a aidé cet été, un samedi d'août dans les rues de Sudbury. Des protestataires à pancartes ont montré aux automobilistes des photos de fœtus ou de nouveau-nés mutilés, pour appuyer par l'image-choc leur opposition à l'avortement. Qui sait si ces épouvantails n'ont pas amené l'horreur qu'ils ont montrée? Qui sait si pour un pauvre esprit en désarroi, ils ne lui ont pas fermé le chemin de l'avortoir pour lui ouvrir celui du dépotoir?

Pour fermer ces deux chemins, il n'aurait pas fallu grand-chose: un peu de réalisme, un peu de prévoyance et un peu de caoutchouc, en forme de condom. Voilà des pensées qu'on peut avoir par respect pour la vie humaine. Mais voilà des pensées qu'on ne doit pas avoir par respect pour la morale sexuelle.

Le bon français, celui que nous parlons

Le 14 octobre 1998. C'est drôle, je ne me souviens pas de l'incident ou de la nouvelle qui m'a inspiré cette réflexion. Mais ce n'était sûrement pas quand une ministre que je ne nommerai pas a répondu à un journaliste que le problème qu'il soulevait allait demander bien du «réfléchissage».

Je fais depuis quatre ans à CBON le métier de chroniqueur bourlingueur qui a le Nord ontarien à cœur. J'ai rencontré mille et une personnes intéressantes qui m'ont raconté mille et une choses fascinantes. La phrase qu'on m'a dite le plus souvent n'est pourtant jamais passée à la radio. La voici: «Mon français est pas très bon.» Au moins la moitié des personnes à qui je demande une entrevue me disent ça d'abord. Au moins cent pour cent d'elles me disent ensuite plein de choses bien assez bonnes pour passer à la radio.

Chers critiques du français canadien, si jamais vous doutiez que votre message ait passé, soyez-en assuré, il a trop bien passé. C'est même ahurissant de voir un peuple entier porter en son cœur la conviction de parler mal et l'humiliation qui en découle. On a beau dire, le clou est rivé. Pourtant, il s'en trouve pour taper dessus encore.

Ces critiques qui ont, eux, toutes les ressources de leur langue bien maîtrisée, n'ont pourtant pas trouvé mieux à faire pour rallier les masses mal embouchées.

Ils n'ont pas créé les industries et les commerces qui auraient fait travailler leurs employés en français. Ils n'ont pas fondé les écoles privées qui auraient incarné leur idéal de l'enseignement du français. Ils n'ont pas eu le génie de l'animation au sein d'institutions communautaires francophones. Non, ils ont préféré répéter les règles de l'accord du participe passé. Ils s'attaquent aux anglicismes dans leur langue au lieu de l'anglicité de leur communauté.

La nature humaine est ainsi faite que l'effort inutile lui répugne. Pourquoi faire l'effort d'acquérir un très bon français quand ce n'est pas indispensable pour grimper haut dans l'échelle sociale? Écoutez donc un peu Jean Chrétien ou Diane Marleau pour voir. Il n'est pas indispensable de bien parler français pour gagner sa vie dans tous ces organismes qui se prétendent bilingues mais où l'anglais l'emporte aussitôt que l'on redevient sérieux. Le français n'est pas indispensable pour se trouver des amis *cool*, un mari qui ne *couraille* pas ou une femme qu'on pense parfois comprendre. Il n'est pas indispensable pour élever des enfants et leur apprendre à ne pas roter à table. Tout ça, les mariages mixtes le prouvent. Le pire, c'est qu'après tout ça, savoir parler français n'est même pas requis pour s'inscrire dans une école française. Dans ce pays, à vrai dire, l'anglais fait bien l'affaire et le français n'est pas nécessaire. C'est bien plus à cause de ça, plutôt que de l'ignorance ou du défaut d'intelligence, que le français parlé chez nous manque souvent d'assurance.

Mais en dépit de tout ça, nous continuons comme par miracle à parler français, tant bien que mal. Si le taux d'assimilation est de 35% dans le Nord ontarien, ça nous laisse encore 65% de la génération prochaine. Si nous devons disparaître, ce ne sera pas demain matin. Des progrès sociaux, infiniment lents, nous font entendre le français autour de nous un peu plus qu'il y a vingt ans. On l'entend même chaque matin à la radio. Même Monsieur et Madame Tout-le-monde que j'ai l'honneur de rencontrer partout dans le Nord m'ont donné leurs entrevues, malgré leur certitude de parler trop mal pour ça. Nous qui les avons écoutés en avons eu le cœur et l'esprit enrichis. Car dans leur langue qui ne compte pas, ils ont dit des choses qui comptent.

Comme on le dit du sport, l'important n'est pas d'être le meilleur, c'est de participer. Le bon français, c'est celui que nous parlons. Ce n'est sûrement pas celui que nous taisons.

JEAN CHAREST, SAUVEUR DU CANADA

Le 29 novembre 1998. C'était la veille de l'élection provinciale au Québec. Pour en arriver à la perdre, Jean Charest avait eu une trajectoire politique curieuse. Chef du Parti progressiste-conservateur au niveau fédéral, il s'est vu poussé par son propre parti vers le poste de chef du Parti... libéral, au niveau provincial.

Demain, c'est jour d'élection au Québec. Et à moins d'un miracle à vous en faire perdre la foi dans les sondages, Radio-Canada va vous annoncer demain soir la victoire de Lucien Bouchard et la défaite de Jean Charest.

Un an c'est long, en politique. C'est plus de temps qu'il n'en a fallu pour que descende aux enfers celui que l'on saluait, il y a peu de temps encore, comme le sauveur du Canada. Demain soir, qui aura l'air le plus ridicule? Seront-ce les bonzes des hautes sphères des affaires et des cliques politiques qui ont confectionné pour Charest une cape de héros de bande dessinée pour l'envoyer voler dans le ciel du Québec? Ou sera-ce le sauveur déchu lui-même, qui avait la tête frisée d'un prophète Jean-Baptiste de char allégorique sans en avoir les prophéties?

Ce sera Jean Charest, le plus penaud demain. Car il est trop intelligent pour ne pas savoir qu'il s'est laissé avoir. Aux Québécois qui exigent depuis des décennies que leur pays, le Canada, partage leurs inquiétudes quant à son avenir français, Jean Charest n'était pas autorisé à apporter la promesse d'une future concession constitutionnelle. Au Québec qui attendait la révélation de son avenir politique, Jean Charest n'avait rien à dire, sauf la promesse de n'en rien dire. «Avec moi, pas de référendum»: Voilà sa plate-forme constitutionnelle tout entière. En toute honnêteté, il ne pouvait rien dire de plus. Car le Canada qui l'a envoyé jouer les sauveurs l'y a envoyé les mains vides. Son mandat, c'était d'être l'incarnation de la pensée magique des Canadiens qui rêvent de voir les Québécois se contenter du pays qu'ils ont et qui refusent de leur aménager le pays qu'il faut. Si on a parfois du mal à comprendre les Québécois qui votent libéral à Ottawa et péquiste à Québec, en revanche, on comprend très bien pourquoi un roi mage sans or ni encens n'a pas été leur point de mire.

Jean Charest est pourtant un homme brillant. À son meilleur, il vous explique un dossier complexe d'une manière qui vous fait sentir intelligent parce que vous le comprenez. S'il a accepté de s'en aller jouer le boy-scout en faisant les commissions d'Ottawa à Québec, ce n'était sans doute pas si naïvement que ça. C'était parce qu'il savait que son parti conservateur lui montrait la porte de toute façon.

À moins de miracles ou d'apparitions dans les isoloirs, personne ne pourra sauver le sauveur du Québec. Mais le Canada, lui, aura au moins pu sauver, pour quelque temps encore, ses illusions, son intransigeance, son refus de l'intelligence politique qui exige depuis longtemps le compromis entre le fédéralisme canadien et l'indépendantisme québécois. Le sacrifice de Jean Charest n'aura finalement servi qu'à prolonger la politique de l'autruche. C'était demander bien peu d'un homme capable de bien plus.

Résolutions du nouvel an pour universitaires

Le 11 janvier 1999. Président fondateur du collège Boréal, Jean Watters avait été embauché à l'automne au poste de recteur de l'université Laurentienne. Il était le premier francophone à occuper ce poste depuis le recteur fondateur d'il y a 40 ans. Il envisageait d'opérer de grands changements. Mais il partira après seulement deux ans, à l'été 2001, diriger une université en Colombie-Britannique. Sa proposition de gestion bicamérale évoquée ci-dessous ne s'est jamais réalisée.

Le 11 janvier, c'est un peu tard pour prendre des résolutions du nouvel an. Mais comme je veux en suggérer spécialement ce matin aux professeurs de l'université Laurentienne, ce retard convient. Car être en retard sur ce qui entoure leur tour d'ivoire, ça leur ressemble.

Il ne faut pas être professeur d'histoire pour savoir que l'éducation en français en Ontario achève une longue révolution. À force de patience et d'usure qui auront gaspillé un siècle, les Franco-Ontariens ont gagné le droit d'avoir et récemment de gérer des écoles primaires, puis secondaires, puis collégiales. L'université est le dernier morceau. Bientôt, elle devra elle aussi se franciser. C'est une question de droits et de justice sociale. Mais surtout, en 1999, c'est une évidence, un courant de fond de l'histoire.

Comment alors, pourquoi alors, des professeurs universitaires se dressent-ils contre les réformes autrement modestes proposées par le nouveau recteur Jean Watters? On ne parle même pas d'université française; on parle de *bicaméralisme*. Ça, mesdames et messieurs, c'est un grand mot savant pour décrire un gouvernement à deux chambres ou assemblées représentatives. C'est avoir deux têtes, comme une erreur de la nature. Un lézard à deux têtes serait donc un lézard bicaméral. Une université bicamérale, elle, aurait deux organismes de direction, l'un français, l'autre anglais.

On se comprend? Oui, on se comprend. Au mieux, on parle d'une demi-mesure qui prépare l'inévitable. Au pire, on parle d'un faux-fuyant qui fait entrave à la justice. Ironiquement, on parle quand même d'un vrai progrès. Mais cette petite avancée serait déjà trop pour plusieurs universitaires de la Laurentienne. Quand ils ne font pas circuler une pétition contre elle, ils y nuisent par leur silence et leurs grommellements.

Les plus sympathiques de ces opposants seraient les anglophones qui ont tenu le bilinguisme en idéal sans en voir la réalité. Depuis trente ans, la logique du bilinguisme indistinct et des intérêts mis en commun a retardé la création de chaque nouveau programme français acquis de haute lutte à la Laurentienne. C'est l'histoire vécue aux départements bilingues de commerce, de sciences et d'ailleurs, sans parler d'autres cours qui n'ont jamais vu le jour. Les plus désolants des opposants seraient les universitaires francophones qui se dérobent au devoir de gérer eux-mêmes leurs propres départements, dans l'intérêt de la jeunesse française et de la communauté française d'abord. Contre tout bon sens, ils disent craindre de perdre le contact avec leurs collègues anglophones qui habitent la même ville qu'eux. Ou pire, ces intellectuels font de la paresse intellectuelle, en se dressant contre une nouveauté qu'ils ont à peine considérée pour soutenir des structures familières mais anachroniques.

De ces hommes et de ces femmes qui gagnent leur vie à promouvoir la liberté intellectuelle et le progrès social, j'ai envie d'en exiger un peu quand ça les touche de près. Des profondeurs de la plèbe, je lève les yeux ce matin vers la tour d'ivoire et je suggère aux professeurs de l'université Laurentienne deux petites résolutions du nouvel an. Soyez de votre époque. Soyez de votre communauté. Vous favoriserez alors l'avènement de l'université de l'Ontario français.

Ça sent les élections ou bien l'ourson

Le 25 janvier 1999. Dans ce billet, je prédisais la tenue d'élections ontariennes au printemps. Elles ont eu lieu au début de juin. Quant à l'issue de celles-ci, je l'avais prédite bien avant, comme en atteste mon billet du 25 septembre 1995. Ci-dessous il est question de l'interdiction de la chasse à l'ours du printemps, imposée sous prétexte que les ourses abattues laissaient seuls des oursons trop jeunes pour survivre. Deux faits à souligner: l'ours noir surabonde dans le Nord ontarien et l'interdiction d'abattre les femelles en lactation existait déjà sans qu'un seul chasseur n'ait été poursuivi pour ce méfait depuis douze ans. Ce qui n'a pas survécu, en revanche, c'est le projet de la mine Adams de Kirkland Lake, une mine à ciel ouvert dont Toronto voulait faire son dépotoir municipal.

Quand la terre dégèle au printemps, souvenez-vous-en, ça ne sent pas bon. Ça sent le sur. La terre digère. Nous sommes encore loin de sentir le printemps et pourtant, on dirait que ça sent déjà les élections ontariennes printanières. La semaine dernière, j'ai cru en voir des signes discrets mais clairs. Les conservateurs se faisaient bravement du capital politique sur le dos d'Ontariens marginaux et pour le compte de ceux qui comptent.

Les pourvoyeurs de chasse à l'ours habitent des circonscriptions nordiques perdues d'avance? Parfait:

on peut leur prendre la moitié de leur gagne-pain. Avec ça, on pourra acheter la bonne conscience écologique à la mode dans les banlieues bétonnées du Sud. Les banlieusards soucieux de protéger la nature du Nord se jettent à la défense des oursons orphelins, avant de jeter dans le Nord, à la mine Adams, des millions de tonnes de leurs déchets. Leur logique est tortueuse: nous aimons vos oursons, vos oursons aiment les dépotoirs, donc vous aimerez notre dépotoir.

La cause des oursons orphelins est devenue soudain si urgente que l'interdit a dû tomber tout de suite, plutôt que l'an prochain. Ce gouvernement ami du commerce aura donc causé des pertes commerciales qu'il devra compenser. C'est ainsi que le ministre des Richesses naturelles, John Snobolen, refait la preuve de sa légendaire maladresse. Il va payer au prix fort une tranche d'opinion publique qu'il aurait obtenue gratis en annonçant l'interdit pour dans seize mois.

Pendant ce temps, le premier ministre Harris s'envole pour la Floride. C'est pour annoncer directement aux électeurs fortunés qui hivernent là qu'il va étendre la protection que le régime de santé ontarien offre à l'étranger. Une semaine plus tôt, en revanche, une Ontarienne du Sud s'est envolée vers le Nord, à Sudbury, pour accoucher dans un hôpital où il y avait de la place pour elle. Ce sont pourtant les électeurs en Floride que Harris a voulu rassurer. À travers tout ça, une bordée de publicité télévisée prétend qu'en éducation et en santé, le fait que ça va mal est la preuve que ça ira mieux.

Les partis d'opposition, eux, flairent une différente stratégie gagnante sans pourtant en sentir le parfum. Des chefs syndicaux, pensant à voix haute, se demandent s'il ne faudrait pas, dans certaines circonscriptions, orienter le vote vers le candidat d'opposition le plus fort, quel que soit son parti, pour assurer la défaite du candidat conservateur.

Tant qu'à parler ainsi de la collaboration des partis d'opposition, pourquoi ne pas parler de leur coalition formelle à la prochaine élection? La promesse d'un gouvernement de coalition en Ontario serait une innovation majeure, à la hauteur des bouleversements majeurs que l'Ontario a subis sous Harris. Elle donnerait le pouvoir à la majorité des Ontariens qui n'a pas voté pour le non-sens. Elle ferait prendre au sérieux des partis qui prétendent s'opposer aux réformes sans vraiment promettre de les défaire. Mais face à un gouvernement radical qui bouscule tout en politique, l'opposition fait de la politique ordinaire. Elle attend que le vent tourne ou que le gouvernement se tire dans le pied.

C'est pour tout ça et bien plus encore qu'il vaut mieux ne pas avoir trop hâte au printemps cette année. Des élections pourraient vous monter au nez. Ce serait dur à digérer. Et l'odeur serait, hélas, trop familière.

L'UNIFORME DU GROS BON SENS

Le 9 février 1999. L'idée d'un uniforme scolaire obligatoire lancée à l'époque par le ministre ontarien de l'Éducation m'a inspiré une réflexion sur l'art de gouverner. En fin de compte, l'uniforme obligatoire n'est pas advenu; on n'en a même pas tellement discuté par la suite. Le ballon n'a pas levé, quoi.

Vendredi dernier, les journaux nous apprenaient que le ministre de l'Éducation, Dave Johnson, songe à obliger tous les écoliers de l'Ontario à porter des uniformes. Ils nous ont aussi appris la réaction d'un écolier, le fils de Mike Harris. Il a dit: «ça tète». Ma réaction sera plus ambitieuse. Je prends ce prétexte pour proposer rien de moins que l'explication de la relation entre le bon sens et l'opinion publique.

L'idée des uniformes scolaires m'intéresse un peu. Mais ce qui m'intéresse beaucoup, c'est comment ce ballon politique préélectoral illustre l'art de gouverner sous la «révolution du bon sens». Une analyse du bon sens et de l'opinion publique, vous allez voir, ce n'est pas toujours simple, donc tendez l'oreille.

Je pars de l'idée qu'un écolier en uniforme est plus studieux et respectueux. Ça, le gros bon sens le dit. Si votre bon sens dit autrement, un sondage d'opinion publique pourra vous corriger. Car l'opinion publique est la voix du bon sens. Et la puissance du bon sens comme principe politique, c'est qu'il est parfaitement simpliste, largement répandu, plein d'assurance, vite exprimé et sans responsabilité. Selon le ministre, beaucoup d'Ontariens pensent que les uniformes sont une idée qui a du bon sens pour contrer l'indiscipline dans les écoles. C'est tout ce qu'il fallait pour que le gouvernement mette foi dans cette idée. L'opinion publique, c'est l'argument qui l'emporte sur tous les autres. Il vaut plus que toute recherche en sciences de l'éducation ou toute l'expérience des enseignants sur le terrain.

Car le bon sens, c'est une foi. Il se passe de preuves, parce qu'il a mieux: il a la connivence de la nature humaine. Et voici où je vous demande de porter attention pour comprendre, mesdames et messieurs. Je vous révèle le fond de la force du bon sens et de l'opinion publique. Si tant de gens ont fini par penser la même chose, c'est qu'ils ont commencé par penser du bien de soi. Autrement dit: sonder l'opinion publique, c'est demander une réponse simple à une question simpliste sur un problème social qui, lui, n'a rien de simple. La nature humaine étant ce qu'elle est, les réponses ramènent souvent à une vérité qui n'a rien à voir avec la question posée. Cette vérité, je la redis, c'est que tout le monde pense beaucoup plus de bien de soi que des autres. Voilà la lumière à laquelle s'éclairer pour gouverner.

Exemple: les responsables du problème ne sont jamais des gens comme moi. Ce sont les autres différents de moi. Ce sont eux que la solution doit viser. Des uniformes pour écoliers, oui. Des uniformes pour parents et familles d'écoliers, non.

Exemple: la solution du problème, c'est une chose que j'ai connue, pas une idée toute nouvelle. La patrie du gros bon sens est le bon vieux temps. Chaque nouvelle génération d'adultes depuis Adam sait que la jeunesse d'aujourd'hui ne vaut pas celle d'hier. Cela veut dire, entre bien d'autres choses, que les jeunes sont de plus en plus mal habillés au fil des siècles.

Exemple: la réponse au problème est une ligne dure, une intervention autoritaire. Il faut apprendre à contrôler les jeunes et non apprendre aux jeunes à se contrôler. Car une école qui fait apprendre la responsabilité par l'expérience du choix et des conséquences, ça dépasse les moyens du bon sens.

Le bon sens ne sait pas qu'une bonne politique en éducation ne se fait pas à coups de bon sens. Ça exige de la science et de l'intelligence. J'en exige d'un ministre de l'Éducation. Mais lui a bu à la source de la vraie sagesse: l'opinion publique, qui n'a pas à fournir de preuves. Si jamais on prouvait que les uniformes n'aident pas du tout à l'éducation, ce n'est pas grave. L'important, c'est qu'ils aident à vous faire élire. Et si les jeunes de demain doivent sortir du secondaire sans jamais avoir appris à s'habiller, ce n'est pas grave non plus. Ce n'est pas nous qui aurons l'air fou, ce sont eux.

Une image de marque pour le Nord ontarien

Le mardi 30 mars 1999. Les nouvelles rapportaient la synthèse gouvernementale du processus de consultation «Terres pour la vie», le plan d'aménagement des forêts nord-ontariennes qui allait restreindre l'accès à la ressource première de l'industrie forestière.

Après des tables rondes qui n'ont pas tourné rond, après des concertations où, de concert, tous se sont plaints d'être le grand perdant en même temps, le gouvernement Harris a enfin montré ses couleurs. Ses couleurs, on ne s'en étonne pas, tirent sur le vert à la mode. Au terme du processus «Terres pour la vie», c'est le dossier écologique qui aura fait un progrès historique. Douze pour cent des terres de la province sont désormais protégées des ravages de l'industrie. Cela sera fait, prétend-on, sans beaucoup nuire aux industries du bois et des mines. Est-ce vraiment possible? L'avenir nous l'apprendra. Mais ce que le présent nous aura appris, gens du Nord, c'est l'art de promouvoir une cause. Car à ce chapitre, les Verts nous ont montré comment faire.

S'ils ont pu ainsi imposer leurs préoccupations, c'est à coup d'images autant qu'à coup d'arguments. L'image de protestataires enchaînés à des arbres ou à de l'équipement forestier évoque quel organisme? Earth Roots, on le sait tout de suite. L'image d'un ours panda aux grands yeux noirs évoque quel organisme? Le Fonds mondial pour la nature, le World Wildlife Fund, on le sait bien. Quelle image a fait bannir la chasse à l'ours du printemps? Celle de bébés oursons, distribuée par vidéocassettes dans des circonscriptions choisies du Sud où la majorité du député conservateur était mince. Ça, on a fini par le savoir. En somme, les Verts connaissent la nature humaine aussi bien que la nature tout court. Ils sont forts en communication et leurs succès sont remarquables.

C'est quand même étonnant de voir ce gouvernement conservateur, élu comme l'ami de l'industrie, en train maintenant de faire perdre du terrain, bien littéralement, à l'industrie. C'est quand même surprenant de le voir créer des centaines de nouveaux parcs vers la fin de son mandat, quand on se rappelle le début de son mandat. Ce même gouvernement avait alors durement comprimé ses services dans les parcs provinciaux, ses agents de la faune, ses services de lutte aux feux de forêt et ses services de sylviculture, bref tout son ministère des Richesses naturelles. C'est quand même ironique de voir que le souci de la nature passe pour l'affaire de gens du Sud urbanisé, industrialisé et pollué, bien plus que l'affaire des gens du Nord qui habitent, eux, tout près de cette grande nature à protéger. C'est comme si les écologistes se font si bien comprendre qu'à côté d'eux, on ne comprend plus les autres.

Mais en réplique, quelles images éloquentes ont exprimé les préoccupations économiques des communautés du Nord, celles que l'exode de la jeunesse dépeuple, celles qui ne voient pas venir les emplois de l'avenir? Quel organisme nord-ontarien semblable aux groupes écologiques a eu le mandat et l'argent nécessaires pour diffuser ces images? Individuellement, les grandes compagnies forestières et minières nord-ontariennes ont beaucoup fait pour redorer leur image écologique et faire valoir leurs intérêts économiques. Mais ce qui n'est pas issu de ces efforts individuels, c'est une image collective et concertée du Nord ontarien, l'image d'une région unifiée aux aspirations élevées, l'image d'un esprit régional capable d'inspirer, au delà de ses frontières, les Ontariens du Sud.

Parfois, ici et là dans le Nord ontarien, de faibles grognements séparatistes expriment avec maladresse le profond besoin d'une telle image de la conscience régionale. Mais le séparatisme n'est pas vendeur. Ça n'attire pas la clientèle, ça n'attise pas les bons sentiments, ça ne rallie pas l'adversaire. Quarante ans de Québec le prouvent. Il nous faudrait plutôt une image des richesses humaines, non seulement naturelles, du Nord ontarien. Il nous faudrait une image inspirante pour nous comme pour les autres. Voilà peut-être la pierre d'assise sur laquelle bâtir un avenir qui semble nous fuir.

Un traitement pour médecins qui ont peur du Nord

Le 16 avril 1999. Le vieux problème du manque de médecins dans le Nord refaisait la nouvelle alors que de nouvelles propositions circulaient. On n'a toujours pas vu depuis lors la création de nouveaux centres de santé communautaires. Mais on a eu une surprise de taille: l'annonce, en mai 2001, de la création d'une école de médecine dans le Nord, à Sudbury.

Presque toutes les villes du Nord ontarien manquent de médecins. Quoi qu'elles fassent, elles n'arrivent pas à en recruter. Car les médecins savent qu'en s'installant dans une petite ville du Nord, ils vont vivre le surmenage en échange de compensations professionnelles et salariales moins alléchantes que dans le Sud. À la fin, ils ne voient pas pourquoi ils se porteraient volontaires pour être traités moins bien que leurs confrères à compétence et à responsabilités égales. Ça se comprend.

On comprend par conséquent qu'un aspect du problème que les médecins ont avec le Nord n'a rien à voir avec le Nord, mais avec leur mode de rémunération. Les médecins ne touchent pas de revenus fixes; ils sont payés «à l'acte». Ces actes médicaux semblent plus rentables ailleurs où l'effort nécessaire pour les poser est moins déraisonnable. On voudrait bien pouvoir dire: Payons-les plus cher, ces chers médecins du Nord. Mais en cette époque de compressions, de telles choses ne se disent pas.

Dans le passé, on a proposé une autre solution à ce problème-là. En 1996, des fonctionnaires des ministères de la Santé de toutes les provinces canadiennes ont préparé une proposition qui aurait eu pour effet de donner à tous les médecins des revenus fixes. Pour en arriver là, on créerait partout au pays de nouveaux organismes dans lesquels vous et moi serions inscrits à titre de clients réguliers. L'organisme de notre choix nous fournirait une large partie de nos soins de santé. Ces organismes interdisciplinaires regrouperaient des médecins, des infirmières et d'autres professionnels pour une région ou un genre de clientèle (francophone, par exemple). Ils seraient responsables de gérer les subventions et de rationaliser les dépenses en santé qui constituent, rappelons-le, la plus grosse dépense de tous nos gouvernements. Ils seraient responsables aussi de verser aux médecins un «revenu fixe». (Car ça a l'air qu'il ne faut surtout pas dire «salaire».)

Si les centres de santé communautaires francophones qui existent déjà à Sudbury ou dans le Timiskaming vous sont familiers, vous voyez le point de départ du genre d'organisme auquel on pense. Mais le gouvernement Harris a flanqué un moratoire sur la création de nouveaux centres de santé communautaires, alors que plusieurs petites villes du Nord y croient et les réclament.

En revanche, Mike Harris croit en une autre manière d'attirer des médecins dans le Nord. Il propose d'aider les étudiants en médecine à payer leur scolarité s'ils s'engagent à s'installer dans le Nord pour au moins cinq ans. À vous d'en juger, mais ça ressemble à une demi-mesure faite exprès pour éviter de brasser le fond vaseux du problème. Un professionnel ira là où il aura un traitement juste. Mais un entrepreneur en actes médicaux ira là où les affaires sont les plus alléchantes.

Ça, c'est le bon sens qui parle, mais le bon sens n'est pas bon pour tous. Pour bousculer les bénéficiaires d'aide sociale, Mike Harris a eu l'audace de leur sacrer la claque et de bouger vite. Mais pour à peine pousser dans le dos de l'association des médecins de l'Ontario, regardez-le mettre ses gants blancs et lambiner.

LE LANCER DE LA POUDRE AUX YEUX, OU LE BILINGUISME, C'EST DU SPORT MAIS PAS FORÇANT

Le 29 avril 1999. La situation que je commente ci-dessous n'a pas changé. À l'hiver 2002, les activités du Service des loisirs du Grand Sudbury ne sont pas plus bilingues qu'avant.

Ce qui me remonte le ressort ce matin, c'est un beau cahier posté à tous les foyers de Sudbury par le Service des loisirs municipal. Ce cahier propose un éventail impressionnant d'activités alléchantes: tennis, tir à l'arc, camp d'été, jardinage, artisanat, méditation, danse et quoi encore. Et quel bonheur, tout ça s'étend sur quarante pages d'excellent français, dans un cahier unilingue français, dans une ville où au moins un citoyen sur quatre parle français.

Mais combien de ces activités annoncées en français sont animées en français? Pas une. Un coup de fil au Service des loisirs suffit pour le confirmer. Bien sûr, on vous en informe avec un léger malaise. On prétexte qu'on arrive déjà si mal à attirer des anglophones qu'on n'ose même pas tenter le coup pour les francophones. On avoue que cette promotion française crée de fausses impressions et induit en erreur. Mais on la fait quand même.

Le Service des loisirs de Sudbury n'est pas seul à pratiquer ce jeu curieux qu'est «le lancer de la poudre aux yeux». Sans doute avez-vous vos propres exemples en tête. En voici encore un des miens. Un jour j'ai téléphoné au poste de police où l'on répond:

«Sudbury Regional Police, bonjour.

— Bonjour, vous parlez français?

— *No sir.*

— *Then why did you answer: Bonjour?*

— *Because we are ordered to, Sir.*»

Voilà la vraie nature du bilinguisme de Sudbury. Entre la lettre du règlement et l'esprit du règlement, il y a pire qu'un fossé, il y a un canyon d'hypocrisie et de mauvaise volonté. Des services en français qui existent en principe n'ont pas besoin d'exister en réalité.

De toute évidence, ce bilinguisme de façade ne sert pas à assurer des services de loisirs sains ou l'ordre public. En vérité, il sert à deux choses, l'une bien intentionnée, l'autre pas. D'abord, il sert à propager un mensonge politique, celui du bilinguisme canadien. Mais surtout, il sert à camoufler la vraie attitude de la majorité anglaise face au français, faite au mieux d'indifférence, au pire d'hostilité. L'ironie dans tout ça, c'est qu'avec ce mince vernis de français factice, les Canadiens s'imaginent cimenter leur pays que des tensions linguistiques menacent de casser en deux.

Depuis quarante jours, le Canada est en guerre. À l'autre bout du monde, en Serbie, nous cognons durement sur un pays qui a osé refuser à sa province minoritaire le droit à sa langue, à ses écoles et à son autonomie, pour en arriver enfin à lui refuser le droit d'habiter ses maisons et ses terres. Tout à leur honneur, les Canadiens font la guerre pour défendre le droit à l'identité ethnique. Si les Canadiens peuvent guerroyer là-bas pour défendre ce droit, pourquoi n'ont-ils pas chez eux le cœur de croire vraiment aux droits de leur minorité française, au lieu de les tourner en de ridicules manifestations de mauvaise foi?

Quand l'occasion l'exige, le maire de Sudbury Jim Gordon fait péter les bretelles de sa bonne conscience, dans ses discours qui vantent le bilinguisme de sa ville auprès d'employeurs à amadouer. Il faudrait bien qu'un jour quelqu'un lui réponde publiquement, en usant de la langue et du langage qui conviennent. Sudbury, ville bilingue? *Bullshit.*

Nos administrateurs scolaires sentent la laine mouillée

Le 15 mai 1999. Les nouvelles rapportaient le cas d'une école française du Sud-Ouest ontarien où des parents ont obtenu que les réunions d'un conseil d'école se tiennent en anglais. Les nouveaux conseils scolaires de langue française étaient entrés en fonction en janvier 1998, en remplaçant les anciens conseils bilingues.

Pour plein de bonnes et de mauvaises raisons, beaucoup de parents francophones envoient leurs enfants francophones à l'école d'immersion d'un conseil scolaire anglais. S'il y a parmi eux, quelque part dans le Nord, un zélé du français qui m'écoute ce matin, je lui lance un défi. Rendez-vous donc, juste pour voir, à la réunion du conseil des parents de votre école anglaise d'immersion française et exigez que la réunion se passe en français, sous prétexte que vous n'êtes pas à l'aise en anglais. Je sais bien que personne ne relèvera mon défi. Car personne n'est assez irréaliste pour ne pas savoir qu'il se ferait mettre cérémonieusement à sa place, à grand renfort de procédure, de règlements et de pressions personnelles. Car tout organisme sérieux sait s'y prendre pour écarter les mauvaises têtes qui ne jouent pas avec l'équipe et qui agissent contre ses intérêts.

C'est pourtant tout le contraire qui vient de se produire au Conseil scolaire catholique de langue française du Sud-Ouest ontarien. Mercredi dernier, des parents anglophones ont obtenu que les réunions du conseil de l'école Saint-Ambroise de Saint-Joachim se déroulent désormais en partie en anglais. Voici encore un incident qui révèle l'incohérence qui passe pour de la gérance dans nos conseils scolaires. Un de nos nouveaux conseils français n'a même pas su trouver une manière de se défendre contre ces chevaux de Troie que sont les anglophones «ayants droit» à l'éducation française selon la lettre de la loi.

Nous ne pouvons peut-être pas grand-chose contre la Constitution canadienne qui donne aux ayants droit non francophones le privilège de se prétendre français sans comprendre le français et sans épouser les intérêts de la communauté française. Mais nous devrions au moins avoir assez de savoir-faire politique pour empêcher cette minorité de faire la pluie et le beau temps.

Il n'est pas seulement question ici d'un problème isolé dans un coin du Sud ontarien. Parlez-en à des parents francophones frustrés dans plusieurs villes et villages du Nord ontarien. Leur école française est pleine de petits anglophones. Ou leur école manque d'élèves parce que l'école d'immersion du conseil anglais s'approprie une grosse part de la clientèle d'écoliers pourtant bien français. Bref, le laisser-faire règne dans l'administration scolaire. Le résultat, c'est que dans leur ville, ces parents ne peuvent jamais être sûrs qu'une école française est vraiment française.

Dans l'exercice de leurs fonctions, nos élus et nos administrateurs scolaires font preuve, soit d'un laxisme inacceptable, soit d'un manque humiliant de courage ou d'habileté politique. Quand les écoles anglaises de Toronto accueillent les immigrants de partout au monde, elles le font en anglais. Si l'école est multiethnique, ni l'école, ni son conseil de parents, ni son conseil scolaire ne sont pour autant multilinguistiques. Voilà le principe d'égalité auquel les francophones ont droit dans leurs écoles et leurs conseils. Mais voilà l'injustice que le Conseil scolaire catholique du Sud-Ouest vient de bénir, en créant pour toute la province un précédent inquiétant.

Si jamais vous pensiez que la création des conseils scolaires de langue française sonnait la fin des batailles scolaires, détrompez-vous. Nos administrations scolaires ont si peu de poigne que le cheval de Troie des ayants droit prend la bride des écoles françaises. Ces administrations savent pourtant être fermes quand vient le temps de repousser les exigences de parents francophones.

Parents franco-ontariens, bien qu'on vous le fasse souvent sentir, vous n'êtes pas les moutons noirs dans vos écoles. Mais vous allez devoir apprendre à mieux faire de la politique pour le faire comprendre. Du même coup, vous l'apprendrez aux moutons blancs qui sont actuellement payés pour ça et qui ne le font pas.

Le bon sens a parlé?

Le 7 juin 1999. La moins préférée de mes sources de sujets de billets n'allait pas se tarir. Quatre jours plus tôt, les élections ontariennes avaient eu lieu et les conservateurs avaient été reportés au pouvoir. Le premier ministre Mike Harris demeurait le seul membre de son parti élu dans le Nord ontarien. Les conservateurs n'avaient pas repris le slogan de l'élection précédente, «la révolution du bon sens», mais leur orientation restait la même.

Les élections ontariennes sont passées, le peuple a parlé et vous ne voulez plus en entendre parler. Je vous comprends, j'en suis là aussi. Donc parlons d'autre chose. Mes pensées ce matin s'arrêtent plutôt sur un épineux problème social. C'est un problème si grave qu'aucun chef politique ne pourrait promettre de le corriger à coups de bon sens. Car autour de nous des signes abondants révèlent cette vérité effrayante: justement, le monde manque de bon sens. En voici quelques preuves du genre qui ont frappé mon esprit tordu; vous pourrez bien allonger la liste vous-même.

Quel bon sens exige que les petites théières en métal luisant utilisées dans presque tous les restaurants soient conçues exprès pour verser leur contenu partout sauf dans la tasse?

Quel bon sens exige que tant d'édifices publics aient deux portes côte à côte, mais qu'une des deux, toujours celle que vous tirez en premier, soit barrée?

Quel bon sens exige que les séchoirs à main dans les toilettes publiques affichent juste trois indications? 1) Presser le bouton. 2) Frotter les mains dans le jet d'air chaud. 3) Le séchoir s'arrête automatiquement. Pourquoi n'indique-t-on pas aussi l'inévitable quatrième étape qui montrerait l'inutilité des trois autres? 4) Finissez de vous sécher les mains en les frottant sur vos pantalons.

Quel bon sens règne dans les toilettes publiques pour que tant de gars fassent pipi sur le siège?

Quel bon sens exige que tant de caissières vous remettent votre monnaie en déposant dans votre paume tendue, d'abord les billets, ensuite les pièces par-dessus? Est-ce pour garantir que les pièces glisseront par terre quand vos essayerez de tout ranger dans le portefeuille que vous tenez de l'autre main?

Quel bon sens exige que tant de fabricants de bottes d'hiver y mettent des semelles ornées de beaux patrons antidérapants, mais fabriquées d'une matière plastique qui devient glissante comme des skis sous l'effet du froid?

Quel bon sens fait en sorte qu'aucun automobiliste n'achèterait une voiture sans clignotant, mais que tellement d'automobilistes ne s'en servent jamais en faisant leurs virages?

Quel bon sens inspire la seule personne sur dix mille qui décide d'acheter quelque chose de ces insupportables robots téléphoniques de télémarketing dont la première phrase est: *Please don't hang up…*? Pourquoi une vente sur dix mille appels suffit-elle pour continuer de déranger les neuf mille neuf cent quatre-vingt-dix-neuf autres?

Quel bon sens explique qu'au restaurant, c'est partout la coutume de donner un pourboire, mais que ce n'est plus partout la coutume de nous apporter de l'eau pour boire?

Quel bon sens nous amène à nous éreinter pour planter dans nos jardins des plants de tomates que nous pourrons récolter juste au seul temps de l'année où les épiceries vont regorger de vraiment bonnes tomates pas chères et pleines de goût?

Je pourrais continuer, vous savez. Mais il me semble que c'est déjà bien assez pour faire douter que le bon sens est largement répandu et que l'intelligence familière de chacun est un bon guide pour la vie collective de tous. Un jour pourtant, on a fait du bon sens un principe politique puissant. Mais de ça, j'ai promis de ne pas parler. Dernièrement, vous en avez eu bien assez.

Un cabinet fantôme pour l'opposition ontarienne

Le 21 juin 1999. Le premier ministre Harris venait de nommer son cabinet. Pour ma part, je prévoyais la composition du cabinet fantôme de l'opposition. (Parmi les vedettes évoquées ci-dessous, il y a les Coxinelles de CBON. Si vous ne les connaissez pas, allez les entendre sur Internet: radio-canada.ca/cbon. Dans la section radio, cherchez la rubrique Le palmarès des Coxinelles.)

Vendredi, le nouveau premier ministre ontarien Mike Harris, qui est malheureusement l'ancien premier ministre Harris, a annoncé la composition du cabinet du nouveau gouvernement, qui lui aussi ressemble pas mal à l'ancien gouvernement. Chez les partis d'opposition, la tradition est de désigner, peu après, des vis-à-vis à tous ces puissants ministres. Ces critiques attitrés composent ce qu'on appelle un cabinet fantôme. Malheureusement, les partis d'opposition ont prouvé, par leurs campagnes électorales ternes, prudentes et plates qu'ils n'étaient pas à la hauteur pour s'opposer vigoureusement au gouvernement Harris. J'estime donc qu'un cabinet fantôme vraiment puissant devrait recruter ses membres non pas parmi le personnel politique, mais parmi des figures de la culture populaire, qui en mènent bien plus large dans la conscience collective de toute façon. Vu la performance aux élections des partis d'opposition, mon cabinet fantôme ne pourrait pas être pire que le leur.

Pour surveiller le ministre de l'Énergie, des Sciences et de la Technologie, je recruterais nul autre que Homer Simpson, ce célèbre personnage de dessin animé dont la compétence à la surveillance de sa centrale nucléaire est légendaire. Ça ramènerait peut-être l'attention des écologistes du Sud vers leurs menaces écologiques à eux plutôt que vers le drame largement exagéré des oursons orphelins du Nord ontarien.

Au ministère des Richesses naturelles, je recruterais la plantureuse Pamela Anderson. Pour commencer, ses richesses naturelles sont amplement évidentes. Mais dernièrement, elle a illustré l'idéologie conservatrice à grands coups de chirurgie plastique, en exerçant des compressions et des réductions sur ces deux fameuses ressources naturelles.

Comme vis-à-vis du ministre responsable de la Consommation et du Commerce, je voudrais George Lucas, réalisateur des films *Star Wars* et champion de la commercialisation. Ces jours-ci, on ne peut pas jeter un regard nulle part sans y voir un logo ou un personnage de *Star Wars*, sur les boîtes de boissons gazeuses, sur les sacs de croustilles, dans les restaurants. En voilà un gars qui prouve que, tout, tout au monde peut se transformer en surface de réclame commerciale.

Comme critique du ministère du Tourisme, il faudrait l'astronaute Julie Payette, bien entendu. Faire des voyages très loin de chez elle, elle s'y connaît si bien qu'elle saurait peut-être même convaincre les touristes du Sud ontarien de se rendre loin, loin, jusque dans le Nord de leur propre province.

Comme ministre délégué aux Affaires francophones,

je ferais exception en désignant un personnage politique: l'ancien maire et l'actuel administrateur en chef de la ville de Sault-Sainte-Marie, Jos Fratesi. Je lui confierais le devoir de proclamer le bilinguisme officiel en Ontario avec la même poigne qu'il a eue pour proclamer sa ville officiellement unilingue anglaise. Si jamais le stress de ce beau mandat le rendait schizophrène, je le ferais volontiers soigner.

Comme l'ombre du ministre responsable des femmes, je nommerais ce fameux Austin Powers dont le film comique fait courir les foules. À en juger par la publicité, il s'agit d'un gars aussi *nono* qu'il est laid et pourtant, inexplicablement, les femmes adorent.

Pour talonner le ministre responsable de l'Agriculture et de l'Alimentation, je demanderais l'aide de Maman Dion. Elle pourrait se servir des petits pâtés qu'elle cuisinera dans sa nouvelle émission pour entarter ses opposants.

Aux Services correctionnels, j'affecterais les Coxinelles de *CBON Bonjour*. J'imagine déjà un camp de redressement à la manière militaire où les exercices obligatoires se feraient au son de la chanson «C, O, X-I» (leur pastiche de la chanson «Y, M, C-A» des Village People). Ça serait bien assez pour transformer profondément la personnalité des jeunes délinquants. Les autres feraient tout pour éviter ces camps, c'est certain.

En résumé, vous me comprenez: aux héros de la révolution du bon sens, j'opposerais le cabinet fantôme du non-sens. Au moins nous aurions une opposition politique plus impressionnante que celle de nos timides partis d'opposition. Leur campagne électorale semble d'ailleurs s'être inspirée d'Iznogood, ce personnage de bande dessinée qui veut être calife à la place du calife. Parmi tout ce que le monde de la culture populaire aurait pu leur offrir, ils ont bien mal choisi leur modèle. Ils auraient dû me consulter.

Saison 1999-2000

Rentrée
Bâtards
Enseigne
Amour
Ballon
Montfort
Rage routière
Vraies couleurs
Vert et blanc
Paix

C'EST LA RENTRÉE, ALORS SORTEZ !

Le 14 septembre 1999. La rentrée en question ici, c'est celle des arts. Des organismes artistiques de tout le Nord ontarien annonçaient leur programmation et leurs premiers spectacles. J'y ai trouvé le prétexte à une réflexion sur le rôle des arts dans nos vies.

Je vais vous expliquer une chose que je ne comprends pas. En fait, il s'agit d'une attitude plutôt que d'une chose et je la comprends un peu même si je la cultive trop peu. Il s'agit de savoir remarquer, quand le bon vent les amène, ces rares moments où la vie se laisse vraiment saisir. Il arrive parfois qu'en un éclair d'émotion ou d'intuition, nous comprenions soudain mieux à quel point la vie a du prix et à quel point nous souhaitons être à sa hauteur. Ces moments d'illumination se trouvent partout; parfois quand on ne les attend pas, mais plus souvent quand on les cherche. Au premier rang parmi les personnes qui se font un devoir de les chercher, il y a les artistes et leur public.

Nous avons tous, quelques fois au moins, été sincèrement émus devant un moment fort d'un film, d'une chanson, d'un roman ou d'une pièce. En ces moments-là, c'est comme si nous retrouvions soudain une sagesse en nous que nous avons négligée. Une parole ou une image nous la révèle d'une manière toute neuve qui lui redonne sa puissance, sa beauté, son pouvoir de nous inspirer. On quitte l'œuvre, ému. On en reparle un peu avec ses proches, on se la rappelle un peu le lendemain. Ensuite on l'oublie.

On pourrait garder ce moment en mémoire et en faire une morale personnelle pour les jours qui viendront. Si on en avait la discipline, on pourrait se dire: je tâcherai désormais de voir la vie à la lumière de ce moment-là. Mais comme le train-train quotidien ne nourrit pas bien une pensée si pure, elle finit par nous quitter. C'est ainsi que le fil de nos vies continue de se dérouler comme si la main qui le tire n'est pas la même qui tient nos cœurs et nos valeurs. C'est peut-être aussi que c'est beaucoup trop demander que d'attribuer tant de valeur et de vérité à une seule parole parmi tant d'autres, si touchante soit-elle. Après tout, la vie est bien trop complexe pour se laisser réduire à une morale.

Mais voici, les arts sont aussi riches que la vie. Cinéastes, écrivains, dramaturges et comédiens sont nombreux à chercher les images et les paroles qui auraient le don de nous toucher vraiment. Pour une qui perd son lustre, il y en a mille qui voudraient la remplacer. Cependant, les artistes n'ont jamais le succès assuré. Ils ne savent jamais d'avance comment pincer les cordes du cœur, allumer l'esprit et chuchoter la vérité à notre for intérieur mieux que nous ne savons le faire nous-mêmes. Mais ils cherchent.

Et à force de tâtonner, parfois c'est nous qu'ils touchent. Quand ça arrive, on se sent habité d'un peu plus d'espérance que l'instant d'avant. À leur insu, ils ont joint un secret courage en nous, qui avait envie de pousser, de grandir, d'être plus fort. Nous aurons beau avoir bientôt rangé ce souvenir loin au fond de nos mémoires, il en restera toujours quelque chose. Et quand nous l'aurons oublié, les artistes nous proposeront toujours d'autres moments semblables à rechercher. À la prochaine occasion où les arts nous invitent, sait-on jamais, mystérieusement, cette fois-là, le courant va passer, le contact va se faire, ça va cliquer. Et ça va faire du bien.

Septembre, c'est la rentrée des écoles, mais aussi la rentrée des arts. Partout dans le Nord, des organismes comme le Théâtre du Nouvel-Ontario, Réseau-Ontario, le Conseil des arts de Hearst, le festival Cinéfest, les Éditions Prise de parole, le Centre Artem et tant d'autres dévoilent leur nouvelle saison et proposent leurs premières productions. Qui sait, l'une d'elles contiendra peut-être un de ces moments qui vous révéleront à vous-même à votre meilleur. Mais encore faut-il que vous le cherchiez. Puisque les arts font leur rentrée, promettez-vous donc de belles sorties.

Les bâtards de Trudeau

Le 27 septembre 1999. J'écrivais ceci un an avant la mort de Pierre-Elliot Trudeau. On parlait de lui alors qu'on soulignait le trentième anniversaire de son accession au pouvoir. Aux nombreuses analyses de son rôle et son influence qu'on lisait partout, j'ai ajouté ma réflexion que voici.

En 1969, j'étais juste assez vieux pour être conscient de la Trudeaumanie qui déferlait sur le Canada. Le garçon que j'étais a collé à son mur la grande photo de Trudeau qui avait été distribuée partout. Le jeune adolescent que je devenais a été un des premiers à fréquenter en Ontario une école secondaire publique française. L'adulte que je suis devenu s'est fait une blonde d'un genre plus rare avant Trudeau: une anglophone qui parle français à la maison. Partout, je croisais des anglophones francophiles sortis d'écoles d'immersion qui ont poussé comme des champignons. Comme bien des personnes de ma génération, le cours de ma petite vie a donc été changé par le cours d'un grand mouvement que Pierre Trudeau a symbolisé. En somme, j'ai pu vivre davantage en français parce qu'une génération d'anglophones francophiles des années soixante l'a voulu.

Or, cet élan de francophilie des anglophones n'était pas innocent. Puisqu'un chef d'État la symbolisait, elle servait des intérêts d'État. Or, en politique, ce qui est généreux n'est pas gratuit. Les efforts des anglophones en immersion française n'étaient que la moitié du marché. Les francophones devaient une contrepartie. Eux devraient — non, pas apprendre l'anglais mais — cesser d'aspirer aux pouvoirs et aux moyens qu'un État normal assure à des citoyens normaux. Le fait que le français devienne la langue seconde de plus de Canadiens devait faire accepter le fait que le français demeure la langue seconde du pays, de ses structures et ses services.

Les Québécois souverainistes, on le sait, n'ont pas voulu de ce troc. Même les Québécois fédéralistes ont soutenu que l'important n'était pas de rendre les citoyens bilingues, mais de donner aux structures du pays une dualité adaptée à sa composition bilingue. Envers et contre les idées du Pierre Trudeau des années quatre-vingts, cette autre idée-là a elle aussi fait son chemin. Mais au contraire des visions de Trudeau, elle n'a jamais su réchauffer les cœurs ni inspirer la générosité des Canadiens. Le référendum le plus marquant que le Canada ait connu n'est pas celui qui a failli proclamer la souveraineté du Québec. C'est celui de Charlottetown, qui après l'Accord du lac Meech, a lui aussi failli à la tâche de changer, ne serait-ce qu'un tout petit peu, les institutions politiques canadiennes. Si on a pu dire oui au français, on ne pouvait pourtant pas dire oui à ça.

Trente ans après la Trudeaumanie, on comprend mieux son rôle de pensée magique. Ce grand érable canadien a si bien enfoncé ses racines dans la conscience canadienne-anglaise que dans son ombre, on était à l'abri des lumières de l'intelligence politique. La génération de Canadiens qui a sincèrement cru sauver son pays en apprenant un peu de français sent bien aujourd'hui qu'elle a fait ses classes en vain. Elle a payé de ses efforts personnels généreux pour soutenir une vision nationale centralisatrice trop peu généreuse. Les Canadiens francophiles engendrés par Trudeau sont comme le fruit de faux amours. Ils sont les enfants illégitimes d'une politique qui s'est montrée inefficace contre la montée du séparatisme. Ils craignent maintenant d'être déshérités, de perdre leur pays.

C'est à cette génération que je pense en ce trentième anniversaire de l'élection de Trudeau. C'est d'elle que je crains, dans les années 2000, une intransigeance aussi irrationnelle face au français que ne l'était son enthousiasme trudeaumane des années soixante-dix. Les anglophones francophiles pourraient se dire que, malgré tout, le Canada après Trudeau est quand même plus français qu'avant. Mais au fond, ça ne les consolerait pas. Car ce n'est pas le français qui leur tient tant à cœur. C'est le Canada.

À L'ENSEIGNE DE L'ÉGALITÉ

Le 25 octobre 1999. Les nouvelles avaient rapporté qu'une cour du Québec avait jugé inconstitutionnelle une section de la loi québécoise qui exige la prédominance du français dans l'affichage commercial. Curieusement, ça m'a fait penser au hockey.

Imaginez un tournoi de hockey entre deux équipes très inégales, non pas à cause de leur talent, mais à cause du règlement. Dans le tournoi que j'imagine, une équipe a droit à trente joueurs, et l'autre, à trois. Que voulez-vous, c'est la règle du jeu. La saison commence et l'inévitable arrive. Malgré les efforts héroïques des minoritaires, l'équipe favorisée mène bientôt au classement avec 909 victoires et 2 défaites. Mais le jeu est juste, car on en suit le règlement.

Tout ça dure longtemps, mais ne fait qu'un temps. À la longue, la grosse équipe trouve le jeu aussi injuste que la petite. À force de réduire ses adversaires en purée, on se beurre de purée soi-même. Ça, ça s'appelle la mauvaise conscience. On en perd jusqu'au goût de gagner.

Ce n'est qu'après tout ça qu'un beau jour, les maîtres du jeu décideront de changer la règle. C'est dur à admettre, mais ils l'admettent: leur règle est déréglée, leur justice est injuste, leur gloire est une honte. Ils proclament donc une nouvelle règle révolutionnaire: le jeu à forces égales. Mais s'ils changent la règle, ils se gardent bien de changer le compte des points. Les meneurs auront toujours droit à l'avance qu'ils ont gagné *fair and square* sous l'ancienne règle. Et que le jeu continue!

Ce qui paraît absurde en parlant du hockey ne l'est pas du tout en parlant de la société. À la fin du XXe siècle, le Canada est encore pour beaucoup le pays que son passé de privilèges britanniques a façonné. Ce n'est pas par accident que le Canada est aujourd'hui un pays anglais et que les Canadiens-Français, majoritaires au départ, sont minoritaires à l'échelle du pays et dans toutes les provinces sauf une. Ce n'est pas par accident que le principe qui a affirmé l'égalité des deux langues officielles a aussitôt infirmé les efforts faits au Québec pour effacer les acquis du nationalisme britannique d'hier. Si la majorité a changé les règles du jeu politique, ce n'était pas pour y perdre aux éliminatoires. Alors que l'affichage commercial en français est absent partout au Canada, les lois qui le favorisent dans la seule province où il existe sont combattues. La loi du Québec sur l'affichage en français passe pour un affront à la règle suprême, généreuse et moderne de la société canadienne: l'égalité des deux langues officielles. Elle mérite l'intervention de l'arbitre judiciaire et des punitions majeures pour rudesse.

Mais si le Canada veut vraiment la justice à l'avenir, il lui faut corriger l'injustice du passé. C'est ce que le Québec essaie de faire. C'est ce que le reste du Canada pourrait faire à sa manière. Les grandes villes bilingues du pays, Ottawa-Carleton et Sudbury en tête, pourraient se donner des politiques pour promouvoir l'affichage commercial en français. Étant donné qu'elles voudraient l'égalité de droit pour la minorité anglo-québécoise, ces villes pourraient exiger l'égalité de fait pour leur propre minorité franco-ontarienne. Elles pourraient combattre l'entorse à la règle de l'égalité, quand c'est l'indifférence du peuple et non la loi du peuple qui l'impose. Ce serait une manière de ramener à sa destinée bilingue un pays que le jeu du privilège britannique a si longtemps dévoyé.

Si le Québec agace tellement l'opinion canadienne, ce n'est pas parce qu'il maltraite sa minorité. C'est parce qu'il exerce à son tour et à son compte le plus arrogant des privilèges en politique: celui de fixer les règles du jeu. On a beau dire autrement, en matière d'affichage commercial, le principe canadien de la liberté est au service du privilège universel qu'est la loi du plus fort. Le Québec n'accepte pas de jouer ce jeu-là. Sa politique sur l'affichage loge à l'enseigne de l'égalité. C'est une enseigne française.

Comme une histoire d'amour

Le 8 novembre 1999. Je ne crois pas que cette réflexion sur la langue française en Ontario me soit venue en réaction à une nouvelle quelconque. Elle m'est tombée du ciel.

Entre deux langues à aimer d'amour vrai, c'est comme entre deux personnes. Il faut choisir. Vous me direz que les langues, ce n'est pas pareil. Une personne bilingue peut aimer les deux. Mais si le français se propose et l'anglais s'impose, si on peut dire non à l'une mais qu'on doive dire oui à l'autre, si le mariage est forcé alors que l'amour est libre, il n'y a que le français pour se laisser aimer. En Ontario, on parle anglais pour les autres et français pour soi. Une langue vous promet la petite vie ordinaire, l'autre, une aventure sentimentale.

Quand il est question de la qualité du français des Franco-Ontariens, nous balançons toujours entre deux attitudes: être exigeant ou être accueillant. À coups de règles de grammaire et de règle sur les doigts, nous risquons de perdre l'envie de parler français. Mais à force de laisser-faire, nous risquons de perdre la capacité de parler français. D'une manière ou de l'autre, ce n'est pas le confort. Étourdis par ce balancement, beaucoup de nous finissons par croire n'être pas si français que ça. Voilà l'erreur à dénoncer pour révéler… le grand amour que nous vivons sans le savoir!

Notre sentiment de n'être pas assez bons en notre langue, c'est justement la preuve que nous l'aimons vraiment. Si elle nous laissait indifférents, nous n'aurions pas ce sentiment. Mais devant elle, nous sommes insatisfaits, intimidés, un peu honteux. Nous voudrions être meilleurs pour elle, à cause d'elle. Voyez-vous? Nous sommes tous en amour sans le savoir! Devant notre langue non conquise, nous doutons, craignons, hésitons, bafouillons. Nous ne savons que dire ou comment dire. Nous voudrions paraître à l'aise et confiants. Mais ce à quoi nous aspirons nous fait sentir incapables et indignes. Nous pourrions fuir, la langue dans nos poches. Beaucoup le font. C'est dommage. Ils tournent le dos à la vie. Ils ratent une grande aventure sentimentale.

Car la langue, comme le grand amour, s'installe au centre du monde. Tout n'existe que par elle. Tu n'existes qu'en elle. Tu ne vois que par elle. Ce qui est beau vient d'elle. Comme le grand amour, la langue française en Ontario ne se vit pas paisiblement. Elle fait oser et douter. Elle donne envie de foncer et envie de fuir. Elle est exigeante, compliquée, difficile, imprévisible. Elle ne se donne pas facilement. Alors pourquoi vouloir d'elle?

C'est pour être soi-même qu'on aime. C'est pour délivrer une présence autre et meilleure cachée en soi. Tout ça est fou. C'est une croyance insensée, une erreur vraie, une illusion merveilleuse, un échec presque assuré. Être Franco-Ontarien, ce n'est pas normal. Ça ne vient pas tout seul et ça ne reste pas sans effort. Ce n'est pas ce qu'on est malgré soi, c'est ce qu'on est malgré tout. C'est ce qu'on ose parce qu'on devine que ça mène au bonheur. C'est ce qu'on fait parce qu'on sent qu'au fond, on le mérite.

Voilà le discours qu'il faudrait tenir de meilleure

façon et sur un meilleur ton, pour dire aux enfants à l'école et aux adultes au travail que l'assimilation, c'est une bien triste erreur. Voilà ce qu'il suffit de comprendre pour que tout ce qui fait mal et qui va mal à qui veut être Franco-Ontarien devienne comme un honneur et une drôle de joie. Être Franco-Ontarien, c'est comme vivre une histoire d'amour. Ce n'est pas reposant. Mais il n'y a pas plus bel espoir.

UNE TOUR D'IVOIRE DANS UN BALLON

Le 16 novembre 1999. La fuite d'un document confidentiel révélait que le gouvernement ontarien songeait à fusionner les établissements d'enseignement postsecondaires du Nord ontarien. Pour ma part, j'y voyais une occasion de manœuvrer en vue de la création en Ontario d'une première université française, non bilingue. Ce qu'on a vu depuis, c'est juste quelques projets de programmes conjoints. À noter toutefois: la fermeture du collège des Grands Lacs dans le Sud ontarien en septembre 2001 après cinq ans d'existence. Le collège Boréal de Sudbury entreprend maintenant de combler le vide ainsi créé en offrant des programmes dans le Sud.

Même après quatre ans et demi sous son régime, c'est dur de s'habituer à être gouverné à grands coups de bon sens à la manière Harris. Autrefois, l'art de gouverner exigeait des recherches poussées et des consultations publiques avant d'entreprendre des réformes en profondeur. De nos jours, nous apprenons souvent ce qui va arriver après que la décision a été prise. Quand on le sait d'avance, c'est parfois grâce à des fuites prétendument accidentelles de documents prétendument confidentiels. En jargon politique, cette façon de faire s'appelle «lancer un ballon». Le gouvernement nous fait réagir à des rumeurs exagérées pour dégonfler d'avance nos réactions à de futures annonces un peu moins graves.

Mais ce que tout ballon révèle sans doute, c'est que des choses se brassent.

Le monde de l'éducation a reçu un de ces ballons en plein ventre hier. Le *Toronto Star* rendait compte d'un document confidentiel selon lequel le gouvernement exigerait bientôt la fusion de plusieurs collèges et universités de l'Ontario. Ce sort attendrait, entre autres, les trois collèges français de l'Ontario: collège Boréal, Cité collégiale et collège des Grands Lacs. Peu importe que ces collèges soient jeunes, qu'ils aient fait beaucoup avec peu, que leurs progrès aient parfois été spectaculaires. Nul besoin d'étudier et d'évaluer tout ça. Tout ce qui compte, c'est qu'ils sont petits à une époque où beau, c'est gros.

Or, ce même document fait état d'une autre idée originale. À North Bay, l'intégration du collège Canadore et de l'université Nipissing pourrait donner naissance à une institution hybride d'un genre nouveau. La circonscription du premier ministre aurait le privilège d'un traitement particulier. Mais ailleurs dans le Nord-Est, on regrouperait tout ce qui reste: l'université Laurentienne et ses affiliées de Hearst et du Sault avec les collèges Cambrian de Sudbury et Northern de Timmins. Rapprochez cette proposition à une autre selon laquelle les collèges pourraient conférer des grades de bachelier comme les universités et vous avez une éducation postsecondaire transfigurée. Tout ça n'est qu'un ballon creux, direz-vous. Mais comme ce gouvernement a déjà mené d'autres réformes tout aussi énormes, nous ferions mieux de croire que ses vessies sont des lanternes.

D'un point de vue franco-ontarien, on voit vite le chaînon manquant du raisonnement. Si la fusion de l'université Laurentienne avec des collèges anglais est une idée valable, la fusion de sa composante française avec les collèges français devrait l'être tout autant. Vous me voyez venir. De cette manière, nous pourrions obtenir enfin des universités françaises en Ontario, dans le Nord comme dans l'Est. Par la porte d'en arrière, sous des prétextes économiques plutôt que politiques, pour l'amour des compressions plutôt que de la justice, nous pourrions obtenir ce que quarante ans de revendications n'ont pas pu accomplir.

Ballon ou non, les dirigeants des institutions postsecondaires vont devoir réagir. Mais ils pourraient faire mieux: ils pourraient saisir le ballon au vol, se concerter vite quant au principe et présenter au gouvernement une proposition qui devrait lui sourire. Ils diraient: Monsieur Harris, nous pourrions appliquer votre recette au postsecondaire franco-ontarien. S'il en résulte une université française associée à un collège français, ce serait plein de bon sens, n'est-ce pas? Aujourd'hui, c'est triste mais vrai, pareil projet ne ferait qu'aider à l'avancée du rouleau compresseur conservateur. Mais dans un avenir plus ou moins proche, quand la politique ontarienne sera redevenue autre chose que de la compression budgétaire irréfléchie, les Franco-Ontariens pourront profiter de ce formidable acquis.

C'est donc à mon tour de lancer la balle ce matin: Monsieur Watters, recteur de la Laurentienne, Madame Chrétien, présidente du Boréal, il n'y a peut-être jamais eu meilleur moment dans notre histoire pour réclamer une université franco-ontarienne dans le Nord. Lancez-donc vite ce ballon-là pour voir.

Si Sudbury était Montfort

Le 6 décembre 1999. Où en étions-nous dans la saga juridique de l'Hôpital Montfort, le seul hôpital francophone de l'Ontario ? À la Cour divisionnaire, la province venait de perdre son appel contre un jugement précédent de cette même cour. Celui-ci établissait que la Constitution canadienne protégeait Montfort de la fermeture décrétée par la province en 1997 (annonce qui avait provoqué un ralliement de dix mille Franco-Ontariens à Ottawa, du jamais vu). Mais une semaine après que j'ai écrit ce billet, la province a porté l'affaire devant la Cour d'appel de l'Ontario.

On apprendrait douze mois plus tard (en décembre 2001) que celle-ci a jugé en faveur de Montfort. La province pouvait alors demander d'être entendue à la Cour suprême. Contre toute attente, elle y a renoncé.

Entre-temps et dans un autre ordre d'idées, la province avait décidé d'obliger certaines municipalités à fusionner — ce qui avait mené à la création de la « Ville du Grand Sudbury » —, sans dicter le maintien du bilinguisme officiel.

Le principe du bilinguisme officiel nous fait autant de tort que de bien. L'actualité ontarienne vient d'amener deux nouvelles qui en montrent la face souriante et la face grimaçante.

La voici souriante. La semaine dernière, la justice a débouté le gouvernement Harris qui voulait transformer Montfort, le seul hôpital de langue française de l'Ontario, en simple clinique. Ce jugement découle du principe constitutionnel du bilinguisme officiel. Ça, c'est très bien. Mais ce qui est particulier dans le cas Montfort, c'est que le principe est venu au secours d'une institution unilingue française. C'est un cas d'exception. Car la majorité des services provinciaux en français relève d'institutions bilingues qui les négligent.

Voici maintenant la face grimaçante du bilinguisme officiel, celui qui nous nuit. La semaine dernière, on apprenait aussi que le projet de fusion municipale que la province impose à Sudbury ne comporte pas le statut de ville officiellement bilingue. Et il faudrait s'en émouvoir? À vrai dire, le bilinguisme officiel n'a jamais fait un pli sur la différence à Sudbury. Si on récupérait le titre de ville bilingue, on ne regagnerait presque rien. Car le bilinguisme officiel municipal est le parfait exemple du principe insignifiant, tant il se traduit peu en services réels.

Il en va trop souvent de même dans trop d'organismes officiellement bilingues. Les services en français n'y progressent pas parce que la réputation professionnelle de leurs gestionnaires n'en dépend pas. Aux plaintes, ils répondent que la demande n'est pas là et voilà, ils ont tout dit, sauf dire qu'ils n'ont pas vraiment essayé de faire mousser la demande. La vérité, c'est que leurs services sont le contraire des fameuses saucisses. Ils sont moins frais parce que personne n'en mange. Mais personne n'en mange parce qu'ils sont moins frais. Faute d'offre sérieuse, la demande n'est pas sérieuse. Pourtant, on blâme le client absent plutôt que le gérant chargé de l'attirer.

Le côté insensé du principe du bilinguisme officiel, c'est qu'il est intégral et intégré. Intégral, parce qu'en principe, les francophones auraient droit à tout ce qui est offert en anglais, ce qui n'arrivera jamais. Intégré, parce que cette responsabilité est confiée à des organismes anglophones qui s'en balancent. Au lieu du bilinguisme intégral et intégré, il faudrait le droit au français identifié et institutionnalisé. Un minoritaire raisonnable et réaliste ne s'attend pas à tout avoir. Mais si en vérité, il n'a droit qu'à des miettes, il devrait au moins les avoir sans devoir chialer. Pour ça, la seule vraie garantie est une institution française.

Exemple: soins de santé. Si je vais au Centre de santé communautaire de Sudbury, institution française, je sais qu'on n'y offre pas tous les soins imaginables. Mais je sais que ce qu'on y offre sera offert en français. En revanche, si je me rends à l'Hôpital régional de Sudbury, institution bilingue, je sais qu'en principe, j'ai droit à tout, mais qu'en pratique, c'est de la foutaise. Dans un cas, le français est une raison d'être. Dans l'autre, c'est une nuisance imposée par principe et sans grande conséquence. Bilingue? *So what!* Si c'est ce bilinguisme officiel insignifiant qu'il nous faut maintenant revendiquer à Sudbury, nous gaspillons nos forces.

Or, nous pourrions faire tellement mieux. La justice qui s'est prononcée sur le cas Montfort a établi le droit non seulement à des services en français, mais à une institution française essentielle à la vitalité communautaire. C'est un principe neuf qui pourrait mener loin. Pourrait-il mener jusqu'à une commission municipale de services en français à Sudbury? Si oui, ce ne sera rien de moins qu'un tordage de bras juridique en bonne et due forme qui nous la donnera. Tant qu'à rêver en couleurs, je rêve au bilinguisme souriant. Je rêve de faire le coup de Montfort à Sudbury.

Imaginons le contraire de la rage routière

Le 17 janvier 2000. L'hiver apportait son noir cortège d'accidents routiers. Il ravivait aussi la discussion sur la réglementation des gros camions, d'autant plus que cette industrie faisait déjà parler d'elle à cause de ses difficultés financières. De plus, le thème de la rage routière était à la mode. J'ai roulé tout ça en boule pour parler de sécurité sur les routes.

Une série d'incidents récents ravive les inquiétudes quant à la sécurité sur nos routes nord-ontariennes. Le 7 janvier, trois routiers sont morts sur la route 11 près de Hearst quand deux camions se sont frappés de face et ont flambé. Le 11 janvier, deux jeunes filles sont mortes et leur mère a été gravement blessée dans un accident sur la route 17 près de Schreiber. Le 12 janvier, un homme est mort dans un accident sur la route 66 près de Kirkland Lake. Il y en a eu d'autres, je ne les mentionne pas tous. Mais à ces accidents mortels, ajoutez au moins dix cas en trois semaines où des routes ont été temporairement fermées à cause de gros accidents routiers. Bien sûr, plus d'un facteur a causé chaque tragédie. Mais on remarque que tous ces cas, sans exception, impliquent au moins un camion-remorque.

Il n'en faut pas plus pour raviver la grogne du peuple face au gros péril grondeur qui sème la terreur dans le cœur des conducteurs. De nouveau, certains voudront resserrer les normes de l'industrie du camionnage. Faudrait-il réduire le nombre d'heures par jour que les routiers ont le droit de passer au volant? Faudrait-il réduire la taille des plus gros camions ou des plus lourdes charges? Faudrait-il améliorer les routes ou mieux, bâtir des chemins de fer à la hauteur des exigences du commerce moderne pour réduire le camionnage? Mais surtout, faudrait-il plaindre plutôt que craindre les artisans du camionnage, dont le métier est devenu ingrat sous l'effet de la concurrence dure et des marges de profit minces? C'est un vieux débat toujours nécessaire, où la sécurité publique rivalise avec l'intérêt économique. Mais quoi qu'on dise ou qu'on fasse, les gros camions sont là pour rester.

En revanche, parmi tous les facteurs de sécurité routière, il y en a un autre qui se plierait bien plus facilement à nos volontés. C'est le facteur conducteur. Si les gros camions semblent former la masse de l'iceberg du péril sur nos routes, sa pointe émergeante est cette tendance nouvelle qu'on nomme la rage routière, la rage au volant. On en raconte plus qu'avant de ces histoires d'actes de violence inspirés par les frustrations de la circulation. Sans aller jusque-là, nous nous fâchons tous un peu au volant. Prenez deux personnes bien élevées qui disent pardon et se tassent si elles se frôlent dans le couloir. En voiture, leurs excuses deviennent des jurons et des doigts dressés. Leur carapace de métal les déshumanise.

Pour contrer la rage routière, imaginez son contraire: la pénitence routière. Au-delà de la prudence, elle serait un art de vivre, une discipline, une ascèse. On la pratiquerait même quand personne ne regarde. Arrêter pour vrai devant le panneau d'arrêt. Allumer le clignotant au virage, même si personne ne suit. Rouler à la limite affichée au lieu d'y ajouter quelques petits kilomètres à l'heure. Ne pas doubler la voiture qui nous ralentit juste un peu. Voilà de la force de caractère. Que tout chemin soit un chemin de croix.

On a beau rêver de règlements et de surveillance, le paysage routier nord-ontarien sera toujours encombré de camions grondeurs aux odeurs de diesel. Il y aura des jours de verglas et des chaussées enneigées. Si nous souhaitons améliorer le paysage routier, visons d'abord ce que nous y apportons. Le plus proche facteur de risque, c'est nous. Pour devenir prudents, soyons d'abord pénitents. Comme ça, nous nous faufilerons peut-être en état de grâce parmi les gros camions qui passent.

PATRIMOINE CANADIEN, MINISTÈRE DÉLOYAL

Le 27 mars 2000. Chaque année, la Semaine de la francophonie permet au ministère du Patrimoine canadien de montrer ses vraies couleurs.

La semaine dernière, les amateurs de spectacles en français à Sudbury ont eu du beau, bon, pas cher. L'humoriste Marc Dupré a joué devant plus de 500 places peu coûteuses et toutes remplies. Mais ce n'est pas de son spectacle dont je veux parler ce matin. La performance qui m'intéresse est celle des organisateurs de l'événement: le ministère du Patrimoine canadien. Ce ministère a plus d'une fois montré son irrespect pour nos communautés où il intervient. Avec ce récent spectacle-cadeau, il l'a montré de nouveau.

Sous prétexte de souligner spécialement la Semaine de la francophonie, il a vendu l'entrée seulement 3$ et donné beaucoup de billets gratuits. L'été dernier, son «Show de l'année de la francophonie» en plein air avec cinq grandes vedettes internationales était tout à fait gratis. La foule a été décevante, mais ça se comprend. Sous prétexte de faire jouer «l'effet de surprise», nous a-t-on expliqué, on a décidé de… ne pas faire de publicité! Un organisme artistique qui en avouerait autant dans son rapport annuel passerait pour une bande d'imbéciles et perdrait ses subventions.

Si j'étais membre d'un organisme communautaire nord-ontarien subventionné par ce ministère, je grincerais des dents. Quand nos organismes locaux veulent offrir un spectacle, ils doivent en vendre les billets à un prix réaliste. Ils doivent risquer leur chemise et même leur survie si la salle reste vide. À longueur d'année, pas juste une semaine par année, c'est à coups de bénévolat et de maigres salaires qu'ils essaient de remplir un mandat dont ils n'ont pas les moyens.

Ce que Patrimoine canadien est venu faire chez nous, c'est de la concurrence déloyale. C'est du *dumping*. Ils sont venus vendre à perte, beaucoup moins cher que les producteurs locaux, un produit qui bénéficie d'une aide gouvernementale spéciale. Cette pratique est illégale dans le commerce international. Mais elle ne semble pas déranger ce ministère fédéral à l'échelle locale. Son action tourne en dérision les efforts autrement modestes des organismes locaux qu'il a lui-même sous-financés. Après ça, si le public nord-ontarien perd le goût de payer son prochain billet au prix qu'il vaut, s'il reste à la maison au lieu d'aller au prochain show, ce sont les organismes locaux, pas ces fonctionnaires fédéraux, qui vont y laisser leur peau.

Plus d'une fois par le passé, Patrimoine canadien a montré que sa priorité n'est pas de soutenir les forces réelles qui essaient de se développer dans nos communautés françaises. Il cherche plutôt à imposer l'image tordue qu'il s'en fait, en nous considérant comme de simples prétextes de propagande patriotique. Par exemple, on apprenait dernièrement que la Fête nationale des Acadiens ne sera plus jamais mentionnée dans le matériel promotionnel du Patrimoine canadien. Des fonctionnaires entendent imposer la Saint-Jean comme seule fête des «francophones du Canada». Donc après avoir bafoué le bon jugement et les priorités de nos communautés, ils ont maintenant l'arrogance d'effacer l'histoire et de dicter jusqu'au sentiment d'identité.

Ces temps-ci, l'importante entente Canada-communautés n'est toujours pas conclue pour l'Ontario français. Par celle-ci, Patrimoine canadien veut déterminer non seulement le financement mais les responsabilités de centaines de nos organismes communautaires. Selon les échos, ces derniers craignent non seulement d'être sous-financés — on s'y attendait — mais aussi de devenir des clones de fonctionnaires, tant les nouvelles procédures administratives proposées seront accaparantes.

J'aimerais vous en conter plus, mais je dois conclure en vous invitant à surveiller de plus près ce ministère qui s'efforce si bêtement de promouvoir «un Canada fier et fort de son patrimoine». Pour ma part, à force de le voir distribuer ses cadeaux empoisonnés, je doute que sa vision du Canada-Français soit vraiment celle que nous portons dans nos cœurs et nos communautés. Son désolant spectacle bureaucratique n'est pas «beau, bon, pas cher».

Un rêve en vert et blanc

Le 28 avril 2001. Le statut officiellement bilingue de la nouvelle Ville du Grand Sudbury n'était pas prévu par la loi provinciale qui ordonnait en décembre 1999 la fusion des municipalités qui constituaient la Municipalité régionale de Sudbury. La décision de déclarer la ville officiellement bilingue revenait au Conseil de transition. Hormis la valeur essentiellement symbolique d'une telle déclaration, le vrai enjeu demeurait l'étendue des services en français dans la mouvance de la refonte. J'imaginais ici une manière d'exercer une influence en ce sens.

Je pense que j'ai une idée. J'ai la triste impression que ça m'arrive de plus en plus rarement. J'ai fini par croire que les bonnes idées ne servent à rien, sans bons moyens ni bons appuis, ce dont j'ai peu.

Jeune homme, j'ai cru au français pendant que mes amis du secondaire s'anglicisaient. Avec le temps, mon espoir s'est attiédi à force de ne pas se sentir chez lui. En Ontario, la cause du français se passe de passion populaire. L'Ontario français progresse sans ça, au bon gré des gouvernements et à peu près pas autrement. Pour s'en satisfaire, il suffit de ne pas comparer ce progrès piétinant au progrès galopant de l'assimilation. Quant aux réactions contre ça dont la politique ne veut pas, gardez-les donc pour vous. Combien de vous en êtes rendus là?

Si vous avez gardé un reste de votre idéalisme de jeunesse, c'est à lui que je m'adresse. Car il y a pourtant eu, dans l'Est ontarien, cet étonnant soulèvement populaire en faveur de l'Hôpital Montfort. De façon si peu typiquement franco-ontarienne, des foules se sont massées et des choses se sont brassées. Depuis lors, on a annoncé la fusion municipale à Ottawa comme à Sudbury tout en négligeant de réaffirmer leur très symbolique statut bilingue. Notre habituelle indifférence franco-ontarienne y a fait écho. Pourtant, alors qu'une ville se réinvente, l'occasion aurait été belle pour un effort populaire en faveur du progrès des services municipaux en français.

On nous dit souvent, et parfois même j'y crois, que le peu de cas que nos municipalités font de leur population française est le fruit de l'ignorance plutôt que de l'indifférence. Nos élus et nos fonctionnaires ne se rendent tout simplement pas compte de notre présence et de son importance, tant nous sommes discrets. J'ose donc croire qu'au prix d'un petit effort, nous pourrions espérer un grand changement. Ce qui me ramène à ma bonne idée.

Tout ce qu'il faudrait, c'est de coller une affiche de drapeau franco-ontarien, le temps d'une campagne, dans une fenêtre donnant sur la rue de chaque maison de notre région où habitent des francophones ou des francophiles. Tout ce qu'il faudrait, c'est quelqu'un qui trouverait les mille dollars qu'il faudrait pour imprimer, disons, dix mille de ces affiches et qui trouverait ensuite le temps de gérer leur distribution.

Tant qu'à rêvasser, j'en rajoute. Pour nous amuser dans cette campagne, on pourrait y jumeler un concours. En affichant nos drapeaux dans nos fenêtres, nous pourrions peut-être gagner quelque chose dans un panier de services en français offerts par les partenaires de la campagne. Comme quoi? Quelques mois en garderie française. Des services de professionnels de la santé francophones. Un an d'abonnement à un journal français. Un abonnement au théâtre français. Des bourses d'études postsecondaires en français. Des services financiers en français. L'entrée aux activités des clubs ou associations francophones. J'y ajouterais même des activités en français du Service des loisirs de Sudbury, s'il en existait.

Pareille campagne ferait d'une pierre deux coups. Elle éveillerait les anglophones à la présence française. Elle éveillerait les francophones aux services en français. Quand on verrait des drapeaux verts et blancs dans de nombreuses fenêtres en de nombreuses rues, il suffirait de dire aux membres du Conseil de transition d'aller faire un petit tour de voiture. Notre présence serait une évidence, comme les services municipaux en français devraient l'être.

Voilà, c'est une idée. On a beau dire, elle est moins exigeante et plus amusante que de défiler dans la rue, pancartes à la main. Mais je me demande qui aurait la volonté et les moyens de réaliser ce projet? Pire encore, je me demande combien de Sudburois auraient envie d'afficher ce drapeau?

Paix aux hommes de mauvaise volonté

Le 21 décembre 1999. J'ai triché à l'ordre chronologique pour présenter ce billet en dernier. Il me semblait qu'il ferait une bonne conclusion. Même si vous ne lisez pas ce qui suit dans le temps des fêtes, mes vœux valent quand même.

Ce matin, j'ai une pensée pour tout le monde qui ne se sent pas habité par l'esprit du temps des fêtes. Je vous comprends. Ce n'est pas toujours évident d'avoir la bonne humeur sur commande et de bons sentiments qu'on ne trouve pas dans l'air du temps. Car si le temps des fêtes anime nos maisons et nos salons, nos centres commerciaux et nos parties de bureaux, il n'anime pas plus qu'il ne le faut les grands courants sociaux qui ouvrent la porte du nouveau millénaire. Malgré tout, c'est le temps de l'année où souhaiter la paix sur la terre aux hommes de bonne volonté.

Mais la bonne volonté à notre époque a de curieux idéaux et de douteux disciples. Aux élections, la majorité des hommes de bonne volonté a confié à des hommes de forte volonté le rôle de désolants sauveurs. La bonne volonté de nos jours a mis l'État providence au purgatoire. Elle croit que la compassion humanitaire passe après la compression budgétaire. La bonne volonté sait se durcir le cœur, comme ses politiciens, devant la main tendue sur le trottoir du centre-ville. Elle fait croire que c'est pour le bien des démunis qu'on réduit leur chèque d'aide sociale.

La bonne volonté exige que les gouvernements s'inclinent devant les intérêts supérieurs de la grande industrie et du commerce international. La bonne volonté se réjouit du prix d'aubaine de produits fabriqués par des travailleurs dont le salaire d'un mois vaut nos salaires d'un jour. Elle ne se choque pas de voir émigrer vers ces pays-là les industries financées par des profits faits ici. La bonne volonté n'a pas d'oreille pour les syndicats ou les protestataires qui se rebiffent face à tout ça. Pour le bien de l'économie, les hommes de bonne volonté paient leurs cadeaux de Noël avec le chèque de leurs réductions d'impôt.

On a beau dire autrement, l'esprit du temps des fêtes est dur à voir à travers tout ça. Si c'est de là que vous vient votre humeur noire, vous savez que vous n'avez qu'une chose à faire: c'est de tout oublier, le temps d'un moment de paix. En tout cas, voilà ce que je ferai de mon congé, mais pas avant d'avoir fait mon petit vœu de paix du temps des fêtes à ma province, à mon pays, à ma société.

Ceux qui mènent le monde comme ils le font ont sûrement déjà la paix dans l'âme. Ils ont la paix de ceux qui se croient du bord de la raison du plus fort. Alors je la souhaite aux autres. Paix aux hommes de mauvaise volonté. Paix aux empêcheurs de tourner en rond. Paix aux citoyens qui ont honte de leurs chefs. Paix à qui le bon sens fait souhaiter la folie. Paix à qui désespère de voir le vent tourner. Car c'est bien ceux-là qui ne l'ont pas, la paix dans l'âme, par les temps qui courent.

POSTFACE

Le Noël de Raoul Norbert

Dans la semaine d'avant Noël 2001, les quatre membres de l'équipe de l'émission Au nord des sentiers battus *de CBON se sont donné la consigne d'écrire chacun un conte de Noël à lire en ondes. Le mien m'a semblé rater de loin la cible des bons sentiments de la saison. Des collègues (y inclus des journalistes, tiens) l'ont pourtant apprécié et m'ont pressé de l'inclure ici. En guise de postface à ce recueil de billets, le voici.*

Ce n'était pas le plus bel exemple de veille de Noël qu'on puisse imaginer. Raoul Norbert, journaliste, était assis devant son bureau, seul dans le noir, sa cigarette fumante dans son cendrier plein de mégots, sa sempiternelle tasse de thé vert froid juste à côté. Seule la lueur blafarde de son écran d'ordinateur éclairait son visage. Ça ne rehaussait en rien son teint de peau, ni sa face en vague grimace de vieux désabusé qui se laisse aller.

Il y a des gens qui sont seuls à Noël et qui font pitié. Raoul Norbert en a même parlé dans ses reportages à la radio. Les solitaires de Noël, beau sujet de reportage pour les uns, belle bande de *losers* pour les autres. Raoul Norbert aurait pu terminer sa nouvelle en mentionnant que lui, le journaliste, ressemblait pas mal à son sujet, mis à part son salaire pour s'offrir la déchéance douillette. Mais ça n'aurait pas été objectif. Et s'il y a une chose qu'un journaliste n'a pas le droit de faire, c'est de faire lui-même la nouvelle.

Ça faisait quinze ans que Raoul Norbert faisait son métier dans une station de radio trop peu écoutée dans un coin de pays trop souvent ignoré. Les Noëls et les jours de l'An ont passé et repassé, chacun lui laissant une ride de plus sur le moral. Il était rendu bien loin, le jeune journaliste plein d'idéal qui s'était lancé dans sa carrière en rêvant de contribuer au progrès de son coin de pays natal.

Le Nord de l'Ontario. On a beau dire, ça a ses beautés. Mais vu dans l'ensemble, c'est trop étendu pour être admiré et trop peu peuplé pour être remarqué. C'est un pays jeune et pourtant déjà vieux. C'est un coin de pays qui a fait la richesse des autres sans faire la sienne. C'est ici qu'on est venu pour fuir pire ailleurs. C'est ailleurs qu'on s'en va quand le pire nous suit ici. Raoul Norbert avait déjà fait assez de reportages sur l'exode de la jeunesse nord-ontarienne pour savoir qu'il menait une lutte de perdants. Il avait bien assez vu le piétinement des gouvernements, l'ineptie des fonctionnaires et l'impuissance des champions de l'intérêt régional pour ne pas voir de quel bord le vent soufflait. De l'autre bord.

À force de faire écho à la radio de tant de mises à pied, à force d'annoncer des projets prometteurs enveloppés aussitôt dans la brume du désintérêt général, Raoul Norbert a fini par se dire que c'était ainsi que ça irait toujours. Il ne serait jamais témoin du miracle espéré. Il ne verrait jamais se dresser en ce pays le mouvement de volonté, de solidarité ou de génie capable de se dresser contre le sort que son histoire lui a donné. Personne ne comprendrait vraiment pourquoi ce train de pensée morose prenait toujours tant de place dans son esprit. Personne ne comprendrait pourquoi ça l'avait amené avec les années à se distancer de tous, amis, parents, collègues. C'est pour ça que Raoul Norbert se savait seul de toute façon, peu importe de qui il se serait entouré pour passer Noël.

Non, cette année, il fallait que ça se passe seul chez lui. Il avait mis à jouer un drôle de disque de Noël dans un genre un peu jazz et très blues. Les mélodies mêlaient leur tiède mélancolie aux bons sentiments usés des vieilles chansons de Noël. Il écoutait ça seul, chez lui, mais pas tout à fait seul. À l'écran de son ordinateur, Raoul Norbert avait devant lui un document dans lequel son regard se perdait. C'était la liste à peu près complète des entrevues qu'il avait faites au fil de ses années à la radio. C'était la piste de sa traversée journalistique du coin de pays envers lequel il s'était engagé en s'engageant dans sa profession. C'était les seules traces qui restaient de toutes ces personnes qui lui avaient fait le cadeau de leur témoignage, le temps d'une rencontre où ce qui se disait à micro ouvert ne valait jamais ce qui se disait à micro fermé. Son regard se perdait dans l'écran pour y distinguer comme à travers un brouillard des présences porteuses d'une sorte de réconfort bizarre. Elles se joignaient comme une guirlande de souvenirs pendue de travers dans sa mémoire. C'était eux, les invités de sa veille de Noël.

Jos Laflamme de Gogama, dompteur de loups, *The Wolf Man of the North*, devenu célèbre jusque dans le Sud, jusqu'aux États. Ses loups ont même tiré son traîneau dans la Broadway à New York. Jos Laflamme, *bootlegger*, qui avait répondu au procureur en plein procès: Tu dois bien savoir ce qui se passe chez moi, tu y es venu assez souvent! Jos Laflamme, qui avait dû se battre pour sa vie contre ses loups sans attache, sans muselière et affolés dans un petit avion de brousse en plein ciel. Il a dit par après que c'est la seule fois de sa vie où ses loups lui ont vraiment fait peur. Jos Laflamme qui n'a pas laissé de monument, ni de musée, ni même de vif souvenir.

Tiens, «la vieille Denonville» de River Valley. Ce petit monsieur vivait seul dans sa cabane en forêt. On l'appelait «la Vieille» pour se moquer de son apparence féminine, sans vraiment se douter que sous ses vêtements d'homme se cachait vraiment une femme. Ça, on l'a su à sa mort. Elle avait un accent français d'Europe. Ce qui l'avait amenée dans le Nord et amenée à vivre ainsi, on ne l'a jamais su. Un coin de forêt nord-ontarienne aura été le voile qui a caché son secret.

Tiens, «Bine» d'Iroquois Falls. Lui n'est pas disparu. Sauf à certaines veilles de Noël, justement, où habillé en père Noël, il partait dans la nuit sur sa motoneige au nez rouge. C'était pour livrer, en grand grondement de moteur à l'arrivée, des cadeaux à des enfants que la vie a malmenés. Une fois, une fillette en a été si excitée qu'elle est sortie de chez elle en courant pour le joindre, petits pieds nus dans la neige.

Et là, un luthier de Blind River qui transformait d'épaisses planches de sapin en de fins violons impeccables, à coups infiniment méticuleux de couteau croche, de minuscule rabot et de techniques scientifiques pour délivrer le chant de l'âme du bois.

Un trappeur de Thunder Bay qui tendait encore ses pièges alors qu'il dépassait les quatre-vingts ans. Il avait un jour piégé une rareté: le grand loup noir de Sibérie. Il garderait toujours le souvenir troublant de la lueur dans l'œil de la proie rare qu'il avait dû achever.

Un pionnier du village de Jogues, Ontario, qui se

disait encore, un demi-siècle après sa jeunesse de colonisateur, que l'agriculture dans ce pays nordique aurait pu marcher, si seulement on y avait cru. Il avait la voix un peu trop chevrotante et l'amertume un peu trop contenue.

Deux frères entrepreneurs de Mattice qui ont voulu faire ce que personne n'avait encore fait d'une espèce d'arbre dont personne ne s'était encore occupé. On les a aidés juste un peu et on leur a nuit beaucoup plus, pour que leur usine de bardeaux de cèdre s'ouvre et sombre, comme pour enseigner à tous que l'espérance n'est pas pour tous.

Un mineur d'une petite mine de Matachewan qui, depuis son adolescence, minait la barytine, une lourde poudre blanche dont presque tout le monde ignore l'existence et l'utilité.

Un autre mineur qui a fuit le Nord pour fuir les mines et qui s'est retrouvé à Montréal à travailler encore sous terre, comme conducteur de métro. C'est son train qui un jour a frappé sur la voie une personne qui avait voulu en finir de vivre.

Une femme de Chelmsford, mère de trois enfants, dont deux fils autistiques. À Noël, elle cuisinait plein de tourtières comme elle l'a appris ici et plein de *tamales* comme elle l'a appris au Mexique. Elle a apporté dans le Nord son accent du Sud en suivant son mari en son froid pays. C'est en français qu'elle menait ses efforts résolus auprès des médecins et des écoles, dans l'espoir de libérer ses fils de leur prison intérieure.

Puis en folle équipée grondeuse, toute une grande bande de mordus de la motoneige. Ils ont décidé de se défoncer en fonçant dix jours et dix soirs dans une course hors-sentier dans les pires conditions imaginables, juste pour la gloire d'avoir traversé 2500 kilomètres d'enfer blanc. Un pauvre coureur venu de Suisse, laissé chaque soir loin derrière, a eu à la soirée de clôture le mot qui a tout résumé: Vous êtes grandiose.

Les uns à la suite des autres et nombreux encore, Raoul Norbert les voyait surgir en ses souvenirs. Toutes ces personnes qui prenaient les dimensions de personnages. Toutes ces vies vécues en français, en Ontario, dans le Nord, son coin de pays perdu. Toutes ces modestes destinées qu'on ignorait à sa perte, alors qu'on gagnerait tant à se ficher des grands de ce monde. Tous ces exploits du quotidien qui partageaient le même destin: celui de compter pour peu. Tout un petit peuple qu'il fallait faire grandir. C'était eux, les convives de sa veille de Noël. C'était eux qui lui ramenaient la mémoire de l'espoir qui l'avait abandonné avec les années.

À leur manière, ils ont été grands. De toute manière, ça n'a jamais été suffisant. Non pas parce que ce qu'ils sont n'a pas suffi, mais parce que l'appui de leurs semblables n'a pas suivi. Ce qui manquait à son pays, c'était ce qui manquait à l'espérance de Raoul Norbert. C'était quelque chose comme de savoir s'estimer. Être beau, bon, courageux, persévérant ou même laid, méchant, peureux et fainéant, ça n'a pas tout son sens quand c'est juste pour soi. Noël, fête d'amour, pensait-il. Les gens en ont pour leurs proches, mais on dirait qu'il leur en manque pour les moins proches, ceux qui dans leur entourage essaient de faire une différence ou de simplement vivre leur différence.

Raoul Norbert se doutait de ce qu'il devait faire. Il lui faudrait un jour écrire autrement qu'en journaliste. Il le fallait, ne serait-ce que pour cesser de ruminer sa morosité et au moins changer son mal de place. Il lui faudrait essayer d'écrire le grand roman magique, magistral et magnifique qui ferait grandir ce petit monde aux yeux du grand monde comme aux siens. C'était ça, le cadeau de Noël qu'il voulait pouvoir faire à son coin de pays, au Nouvel-Ontario.

Raoul Norbert y a pensé longtemps, assis dans son bureau, éclairé par la seule lueur de son ordinateur. Puis il s'est levé et est allé se coucher. C'était la nuit de Noël. Ce n'était pas la plus belle qu'on puisse imaginer. Il y avait une étoile, mais il y manquait un sauveur.

Table des matières

IMPRIMERIE GAUVIN

Achevé d'imprimer
en avril deux mille deux, sur les presses
de l'Imprimerie Gauvin, Hull, Québec